Medienwissenschaft: Einführungen kompakt

Reihe herausgegeben von

Ivo Ritzer, Gebäude GWI, Raum 007, Universität Bayreuth, Bayreuth, Bayern, Deutschland

Die Reihe „Medienwissenschaft: Einführungen kompakt" bietet Lehrenden und Studierenden konzise Perspektivierungen zentraler medienwissenschaftlicher Themenkomplexe. Mit besonderer Priorität auf innovativen Lektüren klassischer Fragestellungen werden grundlegende Begriffsklärungen vorgenommen, an die sich ein konzeptioneller Theorieteil zur Reflexion des jeweiligen Forschungsstandes knüpft. Analytische Kapitel bauen darauf auf und erarbeiten anwendungsbezogen eine Explikation des Theoriespektrums durch Konkretisierung am Beispiel. Die Bände schließen mit einem Ausblick, der aktuelle Forschungsdesiderata benennt sowie eine systematisierte/kommentierte Liste relevanter Literaturhinweise zur Verfügung stellt.

Weitere Bände in der Reihe http://www.springer.com/series/15665

Jan Distelmeyer

Kritik der Digitalität

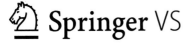 Springer VS

Jan Distelmeyer
Europäische Medienwissenschaft
Fachhochschule Potsdam/
Universität Potsdam
Potsdam, Brandenburg
Deutschland

ISSN 2524-3187   ISSN 2524-3195   (electronic)
Medienwissenschaft: Einführungen kompakt
ISBN 978-3-658-31366-1   ISBN 978-3-658-31367-8   (eBook)
https://doi.org/10.1007/978-3-658-31367-8

Die Deutsche Nationalbibliothek verzeichnet diese Publikation in der Deutschen Nationalbibliografie; detaillierte bibliografische Daten sind im Internet über http://dnb.d-nb.de abrufbar.

Planung/Lektorat: Barbara Emig-Roller
Springer VS ist ein Imprint der eingetragenen Gesellschaft Springer Fachmedien Wiesbaden GmbH und ist ein Teil von Springer Nature.
Die Anschrift der Gesellschaft ist: Abraham-Lincoln-Str. 46, 65189 Wiesbaden, Germany

Dank

Dieses kleine Buch hat eine lange Vorgeschichte und wäre ohne Ivo Ritzers Initiative und Offenheit nicht entstanden. Die Gruppe der Freundinnen und Freunde, Kolleginnen und Kollegen, deren Anregungen hier eingeflossen sind, ist so groß, dass ich ihnen in diesem Rahmen unmöglich im Einzelnen danken kann. Für den regelmäßigen Austausch mit den Studierenden und Lehrenden in Potsdam, im Forschungskolleg „Sensing – zum Wissen sensibler Medien" und in der AG Interfaces der Gesellschaft für Medienwissenschaft möchte ich mich dabei besonders bedanken. Mein ausdrücklicher Dank gilt darüber hinaus Till A. Heilmann, Timo Kaerlein und Florian Sprenger für ihre Lektüre und Kritik der einzelnen Kapitel. Mehr als Dank schulde ich Bettina und Pina Distelmeyer für ihre Unterstützung, für unsere Gespräche und für alles.

Gewidmet ist dieses Buch Wolfgang Distelmeyer – und seinem Sinn für Interesse.

Inhaltsverzeichnis

Digitalität und Kritik

1

Inhaltsverzeichnis

1.1 Digitalität (programmatische Wechselwirkungen)

Digitalität ist eine Zumutung. Damit ist kein Widerspruch zu den Vorteilen digitaler Technologie aufgemacht. Kein Gegensatz zur Erleichterung, Hilfe und ganz eigenen Produktivität durch Computer und deren Vernetzung, wovon Menschen in zunehmenden Bereichen des Lebens profitieren. Vielmehr folgt die Zumutung gerade aus der wachsenden Verbreitung und Bedeutung dieser Form von Technik und der mit ihr und ihren Automationsverfahren verbundenen Entlastung, die auch und in besonderer Weise davon befreit, die dabei wirkenden Prozesse verstehen zu müssen.

Der Begriff der Digitalität zielt auf Grundsätzliches. Darin, in Statusfragen, besteht die Gemeinsamkeit der unterschiedlichen

© Springer Fachmedien Wiesbaden GmbH, ein Teil von Springer
Nature 2021
J. Distelmeyer, *Kritik der Digitalität,*
Medienwissenschaft: Einführungen kompakt,
https://doi.org/10.1007/978-3-658-31367-8_1

Auffassungen von Digitalität: Sie bezeichnet die Gesamtheit und Eigenart der Bedingungen und Folgen elektronischer Digitalcomputer in all ihren Formen. So wird Digitalität aus mindestens vier Gründen eine Zumutung, die ich – weil sie sowohl hinderlich als auch erhellend sind – zuallererst angehen möchte.

Diese vier Gründe der Zumutung bestimmen und gliedern als vier Bürden die ersten vier Schritte dieses Kapitels. Der Anspruch des Begriffs und die Gleichzeitigkeit der Präsenz und Verborgenheit von Bedingungen, Apparaten und Prozessen markieren die erste Bürde *(programmatische Wechselwirkungen)*. Aus dem Zusammenwirken von mythischen und materiellen Faktoren folgt die zweite Bürde *(Mythos/Materie)*, an die sich die dritte Bürde *(Diskurs)* anschließt, die aus den unterschiedlichen theoretischen Ansätzen zur Digitalität besteht. Die vierte, ebenfalls diskursive Bürde *(das Netz)* betrifft die neuere Tendenz zur Gleichsetzung von „digital" und „vernetzt".

Aus diesen vier Schritten werde ich in diesem ersten Kapitel den Ansatz einer Kritik entwickeln. Er ist als das Entfalten von Sorgen gedacht, für das ich in den zwei weiteren Kapiteln die Begriffe *Interface* und *Leiten* einsetzen und konkret nach Formen von Interfaces und Prozessen des Leitens fragen möchte. Die kurze Einführung in eine Kritik der Digitalität, die dieser Band anbietet, ist damit eine Einführung sowohl in die Auseinandersetzung mit den Bedingungen und Folgen elektronischer Digitalcomputer als auch in die Herausforderungen eines solchen Vorhabens. Sie beginnen mit der Frage, was der Begriff der Digitalität eigentlich dazu beiträgt.

Der Anspruch der Digitalität, eine Gesamtheit von Grundlagen und Effekten begrifflich zu fassen, mutet die erste Überforderung zu – die sisyphoshafte Arbeit, der Vielseitigkeit und Entwicklung einer Technologie nachzugehen, deren gefeierte Stärke ja gerade in ihrer permanenten Wandelbarkeit besteht. Computertechnologie kann und wird sich, ihre Programmierbarkeit bürgt dafür, unterschiedlichsten Zwecken anpassen. Andauernde Änderungen: Die Bedingungen, Apparate, Prozesse und Folgen, die mit Schlagworten wie „digitale Revolution", „die Digitalisierung" und Epochenbildungen wie „digitales Zeitalter" belegt werden, verfolgen und verstehen zu wollen, ist darum eine Dauerbeschäftigung. Daran aber, dass sie nötig ist, kann nur zweifeln, wer den zunehmenden Einfluss dieser Technologie ignorieren will. Wenn Digitalität alltäglich ist, sollte es ihre Kritik, ihre Analyse und Beurteilung, auch sein.

Wie viel das verlangt, zeigt sich schon daran, dass dabei zwar einerseits mit digitaler Technologie (und ihrer Logik) eine Art Zentrum oder Zusammenhalt gegeben ist. Andererseits aber führt die vermeintliche Begriffseinheit in die Irre.

Denn was unter dem Blendbegriff „die Digitalisierung" läuft, ist tatsächlich hochgradig divers. Unterschiedliche Verfahren, die vor allem zu komprimierter und vernetzter Automation und Beschleunigung führen, werden in unterschiedlichen Bereichen produktiv. Sie prägen Bildungseinrichtungen wie Industrien, Ökologie wie Ökonomie, Sozialverhalten wie Kriegsführung und viele weitere Teile des nicht nur menschlichen Lebens.

Die Tendenz, unterschiedlichste Prozesse, „die früher unter den Begriffen ‚sozialer Wandel' oder ‚technischer Fortschritt' verhandelt wurden, gegenwärtig […] unter dem kaum weniger inkohärenten, hochgradig entdifferenzierenden Sammelbegriff ‚digitale Transformation'" (Krajewski 2019, S. N4) zu subsumieren, nimmt weiter zu. Einen neuen Höhepunkt erfuhr sie während der COVID-19-Pandemie im Frühjahr 2020. Zumal mit jenen Stimmen, die Bedenken „aus der Vor-Corona Zeit" nun als „Geschmacksdebatte" zu den Akten legten, weil sich gerade jetzt zeige, wie offenkundig „die Digitalisierung ein Geschenk für die Menschheit ist" (von Gehlen 2020) und „zu unserem Zufluchtsort geworden" (Rosenfeld 2020) sei: „Das Digitale hält uns jetzt zusammen." (ebd.)

Auf diesen Corona-Effekt werde ich im ersten Kapitel bei allen vier Bürden noch zurückkommen. Denn der Umgang mit der Pandemie verstärkte anschaulich, wie ich zeigen möchte, jene Gemengelagen, die ich in den ersten vier Schritten dieses Kapitels skizzieren werde.

Zunächst aber – und damit zurück zur ersten Bürde der Gleichzeitigkeit von Präsenz und Verborgenheit – ist die angestrebte Ubiquität von Computertechnologie nicht nur ihrer massiven Ausbreitung wegen kaum zu verfolgen. Sie überfordert nicht nur wegen ihrer vernetzten Streuung und Einbettung in so viele Bereiche des weit mehr als nur menschlichen Lebens, das z. B. sowohl die computerisierten *Smart Cities* umfasst als auch ein „Hiveopolis" (APA 2019), Bienenstöcke mit computerbasierter Sensorik. Zudem läuft dieses Verbreiten und Verbinden durch eine Diversifizierung der Apparaturen. Auch das Spektrum ihrer Formen wird verbreitert.

Der Weg vom raumgreifenden Mainframe-Großrechner über Heimcomputer und Laptops bis zu Tabletcomputern, Smartphones und „smarten" Armbanduhren oder Brillen ist dabei nur der Teil, der sich dezidiert an Menschen richtet. Gleichzeitig wird die Einbettung von Computertechnologie fortgesetzt: in Gegenstände eines *Internet of Things,* in Maschinen und in Körper (z. B. in Form von Herzschrittmachern, Hörgeräten oder RFID-Chips unter der Haut von Tieren und Menschen). Ihre Automation ist auf eine bestimmte Eigendynamik hin ausgerichtet, die Menschen potenziell aus dem Spiel nimmt. Bei autonomen und vernetzten Fahrzeugen sowie bei „autonomous weapons" (Scharre 2018) ist sie noch umstritten; der „algorithmische Handel" (Reichert 2009, S. 69–74) des automatisierten Hochfrequenz-Börsengeschäfts hingegen seit Jahren Alltag.

Zu der tiefen Ausbreitung und Diversifizierung von Computertechnologie kommt eine grundlegende Eigenschaft von Computern hinzu, die den Übersichtsanspruch noch einmal anders belastet und zu einer heiklen Angelegenheit macht. Wie Maschinen überblicken, deren Anspruch Universalität anpeilt? Wie erfasst der Überblick eine *General Purpose Machine,* jenes „really all-purpose automatic digital computing system" (Neumann 1975, S. 363), dessen Zweckungebundenheit ja paradoxerweise auf der Konzentration auf einen einzigen Zweck – nämlich zu „rechnen" – beruht? Und wie kann das gelingen, wenn dieses andauernde Rechnen letztlich darin besteht, „Zeichenreihen nach eindeutigen Regeln zu manipulieren" (Coy 1994, S. 19), und dies dank Prozessoren läuft, die mit elektrischen Impulsen Schaltnetze nach einem bestimmten Programm unmenschlich schnell am Laufen halten? Anders gefragt: Wie kann ich erkennen, was sich auf diese Weise einer Beobachtbarkeit (immer stärker) entzieht?

Dieser Teil der Bürde, die der Anspruch von Digitalität aufhalst, hängt mit einer grundlegenden und (durch Vermittlung) überbrückten Differenz zusammen: Beim Umgehen mit Computern wird Beobachtbares und Unbeobachtbares *programmatisch* – also auf Programmierbarkeit beruhend und Programme realisierend – verschaltet. Unbeobachtbare Prozesse in und zwischen Computern sind mit Erscheinungsformen und spürbaren Auswirkungen dieser internen Programm- und Prozessorenleistungen wechselseitig verbunden. Seit den Anfängen elektronischer Digitalcomputer mit Befehlsspeicher Ende der 1940er Jahre muss zwischen den Rechenvorgängen in der Maschine und dem vermittelt werden, was als Eingabe oder Ausgabe diese Vorgänge anleitet oder aus ihnen resultiert.

Diese grundsätzliche Bedingung ist immer wieder als eine Art widersprüchliche Kopplung diskutiert worden. Mitte der 1980er Jahre hat Frieder Nake (1984, S. 113–18) das Computer-Prinzip als eines der Verdopplung charakterisiert: Die Funktion der uns zugänglichen Computer besteht darin, für die „Maschinisierung der Kopfarbeit" sowohl vermittelt als auch unvermittelt und unzugänglich zu operieren. Ende der 2010er Jahre hat Sybille Krämer (2018, S. 41) den „Januskopf" der „vernetzte[n] Digitalität" so beschrieben: Vor den Gebrauchsoberflächen können „Nutzer schreibend/lesend so selbst-mächtig Wissen aus dem Netz generieren[] wie nie zuvor". Dahinter aber staffele „sich ein unübersehbarer Raum miteinander kommunizierender Algorithmen, Protokolle und Geräte, der nutzer-entmächtigend kaum mehr kontrollierbar ist".

Der Einflussbereich dieser Kopplung nimmt zu und potenziert ihre Wechselwirkungen. Einerseits ist diese Gegenwart durch die Präsenz von und den Umgang mit Apparaten und Infrastrukturen geprägt, was besonders sichtbar wird in der Verbreitung mobiler Computer als Smartphones. Andererseits zeichnet sich diese Gegenwart der Digitalität durch die Leistungsfähigkeit verborgener Prozesse des Leitens, Rechnens und Steuerns aus – insbesondere betont in den Entwicklungen und Diskussionen zu „Künstlicher Intelligenz" und *Machine Learning,* zu *Smart Cities* und *Big Data.*

Aufs Große (und erhoffte Ganze) zielt das Schlagwort von *Big Data,* das „erstmals in einer akademischen Publikation von 2003" auftauchte, „aber breitere Legitimität erst um 2008" (Boellstorff 2014, S. 107) erlangte, weil es dabei um größtmögliche Mengen von Daten geht. Die Datenmasse, indem z. B. Bewegungen im Internet oder in Städten registriert werden, übersteigt menschliches Fassungsvermögen. Das macht Software-Anwendungen attraktiv, die möglichst viele Relationen zur Basis ihrer Ableitungen machen. *Too big to fail:* Die automatischen Auswertungen dieser Datenmengen, die Ergebnisse des *Datamining,* versprechen sowohl diagnostische Präzision als auch prädiktive Wunder.

Smart City-Konzepte bauen darauf – und tauchen als „Vorhaben für vernetzte oder computergesteuerte Städte" bereits „seit den 1980er Jahren regelmäßig" auf (Gabrys 2015, S. 604). „Intelligent" werden solche Städte und andere Systeme dabei insofern, als sie dank sensorverstärkter Computertechnik automatisch erfasst und (z. B. in Bezug auf Verkehrsströme) gleichermaßen reguliert, geleitet werden können. Mit Intelligenz ist hier also die Fähigkeit gemeint, automatisch und programmatisch jene Daten verarbeiten zu können, die nach den dazu nötigen Prozessen der Formalisierung von der Welt übrig bleiben.

Die als KI, als „Künstliche Intelligenz", verstandene und in den 2010er Jahren stark vorangetriebene Computeranwendung des *Machine Learning* baut die *Big Data*-Ideale weiter aus. Als muster-gültige und Wahrscheinlichkeit berücksichtigende Hochrechnung von Vergangenheit. Ziel dieser Lernverfahren ist, „dass sie einen Computer in die Lage versetzen, aus Erfahrungen zu lernen, um bestimmte Aufgaben zu lösen und Vorhersagen zu treffen, ohne für diese Funktion explizit programmiert worden zu sein" (Sudmann 2018a, S. 10). In vergangenen Verhältnissen werden Muster erkannt, aus denen für kommende Fragen probabilistische Entscheidungen abgeleitet werden.

Bestimmt zur Selbstbestimmung: Was hier mit den Begriffen Lernen und Intelligenz belegt wird, ist eine spezialisierte, automatisierte Quasi-Selbständigkeit, die von Dritten angelegt, ausgerichtet und trainiert werden muss. Sie bedarf der präzisen

Vorbereitung und der Pflege. Daher möchte ich – weil Eigenschaften wie Selbständigkeit und Autonomie von Willensfreiheit ausgeht, die Computer nicht besitzen – diese Quasi-Selbständigkeit als *Eigendynamik* bezeichnen. Eigen ist diese Dynamik, weil es sich um automatische, nicht explizit vorgeschriebene Abläufe handelt, für die es gleichwohl einen eigenen, programmatischen Rahmen und Bedingungszusammenhang braucht.

Aus dem gleichen Grund spricht viel dafür, den Ausdruck „Künstliche Intelligenz" mit Vorsicht zu genießen. Weil der Intelligenz-Begriff ‚Konnotationen einer menschenähnlichen Autonomie und Intention hervorruft, die nicht auf maschinenbasierte Verfahren zurückgeführt werden sollten', hat die Initiative AlgorithmWatch vorgeschlagen, hier stattdessen von Prozessen *algorithmischer Entscheidungsfindung,* von „algorithmically controlled, automated decision-making (ADM)" (Alfter/Müller-Eiselt/Spielkamp 2019, S. 9) zu sprechen.

Trainiert werden die Lernprozesse der KI, oder genauer: der ADM-Systeme, durch menschliche Vorarbeit. Künstliche Neuronale Netze werden mit Daten gefüttert. Eine wichtige Funktion übernehmen dabei die Minijobs des Crowd- und Clickworking, bei denen Massen von Menschen z. B. Bilder beschriften oder Texte vorlesen, damit das informationsverarbeitende System bei der Sprach- und Bilderkennung Muster herausarbeiten und später in diesem Sinne weiterentwickeln und anwenden kann. Weiter optimiert wird diese Form von KI wiederum durch den menschlichen, alltäglichen Gebrauch von Computern. Unbemerkt bleibt das, indem z. B. auf meinem Smartphone die trainierten Modelle für die Bilderkennung im Hintergrund laufen und „nachts in Ladephasen die tagsüber geschossenen Bilder unter anderem mit Gesichtserkennungsmodellen" durchgerechnet werden (Engemann 2018, S. 253).

So ist die Alltagsbeziehung zwischen Menschen und Computern längst nicht mehr auf das beschränkt, was Menschen in bewussten und absichtsvollen Handlungen mit Computern anfangen. Sie ist vielmehr geprägt durch komplexe, vorder- und hintergründige Austauschbeziehungen. Selbst beim alltäglichen Beispiel der „digitalen Fotografie" arbeiten dabei jene „kleinen Computer", die digitale Kameras sind, in mehr als einer Beziehung, weil sie „aufnehmen, prozessieren, übertragen, verteilen, darstellen und außerdem speichern" (Gerling/ Holschbach/Löffler 2018, S. 81). Solche Austauschbeziehungen werden zu immer mehr Erscheinungs- und Wirkungsformen von Computern aufgebaut, die darauf hin angelegt sind, Leben zu erfassen, zu ermessen und zum Gegenstand von Datenproduktion und -distribution zu machen.

N. Katherine Hayles (2016, S. 33) hat diese Entwicklung programmierter, angeleiteter Selbständigkeit, von eigendynamischer „agency", als „the third wave of computation" bezeichnet: nach den Mainframe-Großrechnern an den Arbeitsstätten Mitte des 20. Jahrhunderts und der weltweiten Durchsetzung der Personal Computer (PC) in den 1980er Jahren. Diese dritte Welle beruht insbesondere auf der Verbreitung und Einbettung von Sensoren vielfältiger Art, die auffassen, was auf diese Weise zu vermerken ist und dann prozessierbar wird. Um die zwanzig Sensoren in einem aktuellen Smartphone (vom Mikrofon über den GPS- bis zum Beschleunigungssensor) sorgen dafür, dass diese vernetzten Computer die populärsten Beispiele jener sensorischen und nicht immer bewussten Beziehungen zwischen Mensch und Computer bilden. Sie gehören zum Phänomen des *Sensing* (vgl. Angerer et al. 2018), mit dem ein Geflecht von humanen und computertechnischen Modi des Erfassens und Auswertens bezeichnet wird.

Dass mein Smartphone permanent und präzise meine Bewegungen verzeichnet und weitergibt, ist mir vielleicht erst dann klar und von Nutzen, wenn ich damit in einem Navigationsprogramm meine Position und Bewegungsrichtung verorten kann. Wer davon noch profitiert – Polizei, PR-Strategien oder Parkinson-Früherkennung, weil die Bewegungen in der Tiefe, in den Feinheiten und im Detail zu verfolgen sind (vgl. Arora et al. 2014) – ist eine Frage von Interesse und Zugang. „Wenn ich mich mit meiner Frau unterhalte", hat der Informatiker Iyad Rahawan (2019, S. 102) sein Unbehagen gegenüber alltäglichen Verfahren des *Sensing* beschrieben, „erscheint manchmal kurz danach auf meinem Laptop eine Werbung, die zum Inhalt unseres Gesprächs passt."

In der Corona-Krise wurde ab März 2020 weltweit und offensiv auf Formen des *Sensing* gesetzt. Diverse Staaten sicherten sich Zugriffe auf die Smartphone-Daten ihrer Bevölkerungen und reagierten auf die COVID-19-Pandemie mit „Massenüberwachung" (Föderl-Schmid/Hurz 2020). In Deutschland bat das Robert Koch-Institut als deutsche Bundes-oberbehörde Anfang April 2020 die Nutzer*innen von Fitness-armbändern und Smartwatches um die freiwillige Nutzung der App „Corona-Datenspende" (vgl. Abb. 2.5). Die Vitaldaten zu z. B. Ruhepuls und Aktivitäten, die diese „Wearables" dank ihrer Sensoren aufzeichnen, sollen helfen, „die Ausbreitung des Coronavirus besser zu erfassen und zu verstehen" (RKI 2020a). Versehen mit Angaben über Geschlecht, Alter, Gewicht, Körpergröße und Postleitzahl werden dazu mit dieser App „frei-willig und pseudonymisiert" die erfassten Daten zu „Schlafver-halten, Herzfrequenz und Körpertemperatur" automatisch dem Robert Koch-Institut zur Verfügung gestellt (ebd.).

Die Kritik an diesem Verfahren, bei dem die Pseudonymisierung erst stattfindet, „nachdem das RKI die Daten bereits vollständig empfangen hat" (Biselli/Tschirsich 2020), bezog sich auf Probleme des Datenschutzes und befürchtete „eine auch örtlich spezifizierte Vollüberwachung der Körper-funktionen von Nutzer*innen" (Bock et al. 2020, 34). Ähnliche Probleme – vor allem die Frage, ob erhobene Daten zentral oder dezentral gespeichert und verwaltet werden (vgl. D64 et al. 2020; BMG 2020) – prägten die Debatte um die im Auftrag der Bundesregierung entwickelte „Corona-Tracing-App": Mit dieser Software wird das Bluetooth-Interface von Smartphones dazu genutzt, um nicht Standortdaten oder Bewegungsprofile *(Tracking)* zu erfassen, sondern um den möglichen Kontakt zu infizierten Personen zu rekonstruieren *(Tracing)*. Smartphones werden damit zur Schlüsseltechnologie existenzieller Fragen von Gesundheit, Regierung und Demokratie.

Dank derart sensorisch begabter Maschinen ändert sich nicht nur das, was Menschen von Computern wahrnehmen und wissen können. Es ändert sich auch, was Computer von Menschen wahrnehmen und wissen, genauer: was sie erfassen, ermessen und (v)ermitteln können. Sensoren dehnen als Elemente und

Schnittstellen von Computern deren Reichweite und Wirkung weit über die Grenzen von etablierten Gebrauchs-Interfaces aus. Sie erfassen und verarbeiten (ihre) Umgebungen und sind somit nicht nur an der Produktion von Daten, sondern auch von neuen Verhältnissen beteiligt (vgl. Gabrys 2016).

Verborgen – Blicken und Zugriff entzogen – sind in diesen neuen Verhältnissen also etliche Bestandteile, die den gegenwärtigen Komplex der Digitalität funktional, effektiv und zugleich schwer greif- oder überschaubar machen. Verborgen sind die unterirdischen und unterseeischen Kabel des Internets sowie abgeschottete Serverparks. Verborgen ist das Innenleben meines Computers. Jene materielle Organisation von Platinen, Steckplätzen, Chips, Karten, Prozessor-Typen und Leitungen, die ich auch deshalb nicht zu sehen bekomme, weil eigenmächtiges Öffnen der Geräte meine Pflichten der Garantievereinbarung verletzt.

Anders verborgen, nicht einsehbar, sind die Verfahren und Annahmen der Programmierung. Die Algorithmen für die Empfehlungsautomatik auf Plattformen wie Netflix, Spotify und Amazon oder für den Newsfeed auf Facebook gehören genauso dazu wie die Auswahl und auch Vorurteile der Beispielsammlungen, mit denen Künstliche Neuronale Netze trainiert werden (vgl. Caliskan et al. 2017). Gleiches gilt für die Prämissen der *Big Data*-Analysen. Deren leitende Logik hat Wendy Chun (2018, S. 131–132, Herv.i.O.) als „Homophilie" beschrieben: Weil nach dem Homophilie-Prinzip „Ähnlichkeit Verbindungen erzeugt", können diese Analysen „User_innen in segregierte Nachbarschaften aufteilen, die auf *likes* und *dislikes* beruhen".

Und schließlich bleiben – auf der bereits angesprochenen Ebene der Schaltnetze – all jene Formen des konkreten Signaltransfers und seiner Verarbeitung in und zwischen Computern verborgen. Ihre Arbeitsprozesse entziehen sich nicht nur unserer menschlichen Beobachtung, sondern zunehmend auch der Nachvollziehbarkeit. Die Metapher von der *Black Box,* ‚ein undurchsichtiger technischer Apparat, für den lediglich die Inputs und Outputs bekannt sind' (Galloway 2011, S. 239), spricht davon. Wir müssen leider draußen bleiben: Die Verfahren des maschinellen Lernens werden in aktuellen Debatten „immer wieder als opake Black-Box-Technologie beschrieben, d. h. als technische Systeme, die nur über ihren jeweiligen Input und Output erschlossen werden können, da ihre internen Operationen wenigstens zum Teil undurchsichtig, d. h. dem menschlichen Verständnis entzogen sind." (Sudmann 2018b, S. 63).

So offensichtlich und uneinsehbar, so weitreichend und tiefenwirksam diese Verbreitung und Diversifizierung von Computertechnologie ist, so groß ist die Herausforderung des Begriffs Digitalität, die Gesamtheit/Eigenart dieses Komplexes anzusprechen. Dem ist auch nicht zu entkommen, indem der Anspruch einfach strategisch begrenzt würde – z. B. auf jene Erscheinungsweisen von Computertechnologie, die Menschen gegenwärtig sind und ihnen dann den Status „User" verleihen. Immerhin hat ja schon dieser Teil der Digitalität immense Dimensionen: etwa die Handhabungen einer „Industrie 4.0" (BMWi 2014), die gesellschaftlichen und politischen Auswirkungen von *Social Media* und das Internet als Basis neuer Wirtschaftsordnungen, die z. B. als „Wikinomics" (Tapscott 2007), als „Communicative Capitalism" (Dean 2008) und als „Sharing Economy" (Taeihagh 2017) diskutiert werden.

Dass diese strategische Einschränkung jedoch gar keine ist, vielmehr nur ein Umweg zur gleichen Komplexität, liegt an der grundsätzlichen Verschaltung von explizitem Umgang und impliziten Prozessen. Diese programmatischen Wechselwirkungen werden desto intensiver, je stärker das Wirken von Computern durch deren Vernetzung ermöglicht und bestimmt wird. Gerade die Präsenz von Smartphones bezeugt diese Gleichzeitigkeit beider Phänomene, indem das Funktionieren der zuhandenen Geräte auf verborgene Netzwerkprozesse angewiesen ist.

1.2 Mythos/Materie (Digitalizität und Computerisierung)

Der hohe Anspruch dieses Begriffs, eine (über-)fordernde Komplexität in den kategorialen Griff zu kriegen, ist der erste Grund, der Digitalität zu einer Zumutung macht. Die zweite

Bürde der Digitalität hängt anders mit der Erfolgs- und Ver-
breitungsgeschichte dieser Technologie zusammen: Sie folgt
daraus, dass der Begriff „digital" ein mythischer Begriff ist.
Er führt Ansprüche – Hoffnungen und Ängste – mit sich und insofern etwas im Schilde, als er im Sinne von Roland Barthes'
Mythologie eine historische Form und eine Weise des Bedeutens
ist.

Spätestens seit Ende der 1980er Jahre ist „digital" so
sehr aufgeladen mit Assoziationen, die sowohl als Heilsver-
sprechen wie auch als Unheildrohungen aufgefasst werden,
dass jede Verwendung von „digital" zu deren Vervielfältigung
führt. Das gilt für die Ansprüche auf Bestimmungen durch das
Adjektiv (digitale Revolution/Ära/Welt etc.) und Substantiv
(Digitalisierung, Digitalität) ebenso wie für jede mythologische
Analyse des Begriffs „digital", der damit immer wieder zur
Sprache und Entfaltung kommt.

Genau dagegen interveniert der Neologismus „Digitalizität"
(Holert 2002; Distelmeyer 2017, S. 98–113). Als ein sperriger
Sprechakt der Verzweiflung soll Digitalizität den mythischen
Begriff des Digitalen, der mehr vor- als beschreibt, zur
Sprache bringen, ohne dabei seine mythische Dimension zu
reproduzieren. Die Macht mythischer Begriffe besteht darin,
dass sie herstellen, was sie vermeintlich nur repräsentieren.
Digitalizität erlaubt hingegen, explizit jene Aufladung von
„digital" anzusprechen, die sonst implizit mitspricht und diese
kulturelle Prägung natürlich erscheinen lässt.

Die Arbeit am Mythos, die Kritik an den mythischen
Zuschreibungen, ist seit den 1990er Jahren ein wachsender
Bestandteil der Diskurse. Die vertrauten Assoziationen von
„digital" mit Freiheit, Ermächtigung, Kontrolle und Partizipation
sowie, immer wieder, Flexibilität und Immaterialität sind
wiederholt aufgegriffen, diskutiert und kritisiert worden. Die
Zeit eines strahlenden Optimismus, für den Nicolas Negroponte
als akademisches Aushängeschild der Digitalizität der 1980er
und -90er exemplarisch steht, scheint vor allem seit Mitte
der 2010er Jahre vorbei. „[M]y optimism comes from the
empowering nature of being digital", hatte Negroponte (1995a,
S. 230) damals in seinem Bestseller *Being Digital* betont und

diese Ermächtigung mit „the access, the mobility, and the ability to effect change" präzisiert.

Das ist Geschichte. Insbesondere seit den 2013 veröffentlichten Enthüllungen von Edward Snowden zu den Überwachungspraktiken der NSA sowie der darauf folgenden Skandale zu Datenmissbrauch und Datenlecks bei Plattformen wie Facebook, nimmt die öffentliche Skepsis gegenüber der Digitalität zu. Die Bedingungen und Folgen der Vernetzung – von der „like economy" (Gerlitz/Helmond 2013) einer computerbasierten und -bedingten „Culture of Connectivity" (Van Dijck 2013) über die „Gefahren […] der Monopolansprüche globaler Konzerne und Massenüberwachung" (Schulz 2015, S. 9) bis zur Debatte um *fake news* und *post-truth* (vgl. Pourghomi et al. 2017; Bucher 2018, S. 118–148) – stehen dabei besonders im Fokus. Das Internet, mit dem seit den 1990er Jahren die Ermächtigungs- und Freiheitsversprechen des *being digital* immens an Zugkraft gewonnen, wird zu ihrem Problem.

Der Kritik an der Entwicklung des Internets und an Phänomenen wie „Echo-Kammern", in denen „Gruppen von Gleichgesinnten, bewusst oder nicht, sich der Debatte mit ihren kulturellen oder politischen Widersachern entziehen" (Lovink 2012, S. 10), folgten radikale Empfehlungen. 2018 wurde Jaron Laniers Buch *Zehn Gründe, warum du deine Social Media Accounts sofort löschen musst* zum Bestseller; mit markigen Setzungen wie „Social Media macht dich zum Arschloch" (Lanier 2018, S. 59). 2019 fasste Evgeny Morozov (2019, S. 17) zum „digitalen Widerstand" zusammen: „Die Feststellung, dass der ‚Techlash' – unser böses Erwachen, was für gigantische Macht die Technologieunternehmen haben – von Monat zu Monat an Kraft gewinnt, ist schon eine Binse."

Gleichwohl sind die mythischen Aspekte der Digitalität, mit dem Adjektiv „digital" auf „diffuse Weise ‚neu', ‚fortschrittlich' und ‚computer-technisch'" (Schröter 2004, S. 7) zu meinen und zugleich „Vorstellungen der Machbarkeit und Beherrschbarkeit" (Holert 2002) anzusprechen, noch immer wirksam. Mehr denn je ist der Fortschritt digital. Die Dringlichkeit „der Digitalisierung" hat sich zum neuen Kern der Digitalität entwickelt.

Im Bundestagswahlkampf 2017 kam dies im Werbeslogan „Digital first. Bedenken second" (FDP 2017, S. 3) auf einen angemessen plumpen Punkt. Gerade diese Beschwörung der Digitalizität, bei der alles auf das Wissen um ihre Dringlichkeit gesetzt wird, zeigte in ihrem denglischen Doppel, was sich dabei verändert hat. Dass eben „Bedenken" – hier, klar, altbackene Zögerlichkeit – nun auch dort auftauchen, wo das Zauberwort „digital" solche Hemmnisse doch automatisch verdrängen sollte.

Durch die Corona-Krise, bei der im Frühjahr 2020 private und berufliche Kontakte zwangsweise heruntergefahren wurden und Online-Verbindungen an deren Stelle traten, verstärkte sich diese Perspektive. Sie lasse „Bedenkenträger alt aussehen" (Meyer 2020), denn: „Das Digitale, von Kulturpessimisten und Fortschrittsskeptikern als Hort der menschlichen Entfremdung verfemt, hält Arbeitsprozesse, die Möglichkeit zu lernen und soziale Interaktion aufrecht." (Rosenfeld 2020).

Exakt 13 Monate nach Morozovs Feststellung zum *Techlash* musste Deepti Bharthur von der indischen NGO „IT for Change" darum die gegensätzliche Tendenz einräumen. Nach 2019, „the year of ‚the first great big techlash'", habe der Corona-Lockdown „Silicon Valley and its counterparts around the world" (Bharthur 2020) die Gelegenheit zu neuen Märkten, neuer Bedeutung und neuer Reputation gegeben. Die wachsende Relevanz der Online-Angebote von „digital corporations" (von *Social Media* und Nachrichtenportalen über Internethandel und -Dienstleistungen bis zu Technologien für Video-Konferenzen, mit denen private Kontakte und vor allem die millionenfache Heimarbeit erleichtert wurden) erhöhte deren Bedeutung für die Weltwirtschaft und rückte „digital economy players" in ein besseres Licht, „away from the regulatory din that has surrounded them for some time" (ebd.).

Eine neue Gewissheit: Der These, „Digitalisierung […] sei vor allem eine Frage der Akzeptanz" und „wenig befördere die Akzeptanz so sehr wie die Coronakrise" (Müller et al. 2020, S. 77), entsprach auch die deutsche Staatsministerin für Digitalisierung. Dies sei „eine Initialzündung", so Dorothee Bär, „für die Digitalisierung" – auch wenn es „schade" sei, „dass es auch bei uns eine Krise braucht, damit wir bei der

Digitalisierung umdenken, bestehende Vorbehalte aufgeben und darin die Chancen für Lebensverbesserung sehen" (Bär 2020).

Mythisch bleibt der Begriff „digital", je mehr Hoffnungen und Ängste damit assoziiert und auf den Begriff gebracht werden sollen. Verbesserung wie z. B. durch „barrierefreie digitale Verwaltungsverfahren, die sich an den Lebenslagen der Bürgerinnen und Bürger sowie dem Bedarf der Wirtschaft und nicht nur an Fachzuständigkeiten der Behörden orientieren" (Bundesregierung 2014, S. 40), werden damit ebenso markiert wie die Kritik am Einfluss und der Steuervermeidung „digitale[r] Konzerne wie Google, Apple oder Facebook" (Mussler 2017).

Wesentlich stärker aber als jeder *Techlash* macht sich der Druck der Dringlichkeit bemerkbar. Diese durch die COVID-19-Pandemie massiv gestärkte Facette der Digitalität heißt Alternativlosigkeit – „[o]b wir die Digitalisierung wollen oder nicht, ist heute nicht mehr die Frage" (Schulz 2015, S. 11). Digitalisierung als Gegenwart und Zukunft, als allgemeine Hoffnung und, genau deshalb, Sorge. Denn eine liebsame Folge dieses Drucks der Dringlichkeit besteht darin, dass er ein „Wir" ausbildet. Geeint durch die normative Relevanz der Digitalisierung. Eine zweite Natur: Nationale Ökonomien, Gesellschaften, Parteien und Unternehmen sehen sich der Frage gegenüber, ob und wie „wir" Schritt halten können.

Diese Dringlichkeit tritt auf als die Gewissheit, mit der z. B. Regierungen in „digital infrastructure" (Obama 2009, S. 731–735) und der „Gestaltung des Digitalen Wandels" (Bundesregierung 2019, S. 4) trotz oder ohne Zweifel die Bestimmung der Gegenwart sehen und mit der „Digitale Konvergenz" als „essenziell für Deutschlands Wohlstand" (Oberndörfer 2018) gilt. Die Zukunft wird digital gewesen sein. So kann die Frage, ob heute überhaupt noch über Technologien nachgedacht werden kann, ohne dabei die Dominanz von Digitalität und Netzwerken anzunehmen, rein rhetorisch klingen (vgl. Galloway 2017, S. 63–64).

Was hier als eine Art Futur-II-Logik drängt, hat Florian Rötzer (1991, S. 25) schon Jahre vor Negropontes *Being Digital* als „Ideologie der Informationsgesellschaft" bezeichnet. Rötzers Beschreibung zu Beginn der 1990er Jahre liest sich wie ein

Kommentar zur Dringlichkeitsgeste der Digitalizität knapp drei
Jahrzehnte später:

> Es geht darum, wie es im gewohnten Jargon der Fortschrittsideo-
> logie heißt, den Anschluß an die Zukunft nicht zu verpassen und
> den Herausforderungen des technologischen Wandels zu begegnen.
> Die dabei propagierte Handlungslogik ist eine der forcierten
> Alternativlosigkeit. (ebd., S. 10).

Der Neologimus Digitalizität soll diesen Druck der Dringlichkeit ansprechen, ohne ihn automatisch zu verstärken. Er reagiert
auf den bereits bei Negroponte ausformulierten Status des
Digitalen als neuer Naturzustand, der in den 2010er Jahren –
„Digitalisierung erscheint in der journalistischen Bericht-
erstattung als etwas quasi Naturgesetzliches" (Arlt/Kempe/
Osterberg 2017, S. 95) – an Brisanz gewinnt. Im Lichte dieser
mythischen Energie kann Digitalisierung wie eine neue Form
der guten Mächte erscheinen. Sie ist bei uns am Abend und am
Morgen und ganz gewiss an jedem neuen Tag.

Dieser Traum der Grenzenlosigkeit, den Wendy Chun (2013,
S. 115) als „something close to universality, that is, digitality"
bezeichnet hat, wird in Konzepten wie der „Technosphäre"
(Schneider 2019) und der „Technoökologie" realisiert, in der
„die Technik" mit Computertechnologie gleichgesetzt wird, die
durch „Autonomisierung" eine „Explosion von *agencies*" (Hörl
2016, S. 44, Herv.i.O) bewirke. Technisch-materiell angestrebt
wird er insbesondere mit dem Ausbau von Internet-Infra-
strukturen und dem neuen Mobilfunkstandard 5G als „Schlüsseltechnologie zur Realisierung der digitalen Transformation"
und deren „bislang nicht dagewesene[n] Anforderungen an
Konnektivität, Kapazität, Sicherheit und Dienstgüte" (BMVI
2017, S. 2).

Daraus ergibt sich die herausfordernde Gemengelage, dass
„die Digitalisierung" eben beides ist: eine mythische Größe und
eine materielle Realität. Zwar sind Mythen immer wirksamer
Teil der Realität. In diesem Fall der *Computerisierung* – des
umfassenden und eindringlichen Setzens auf Computertechnologie und -logik, das „die Digitalisierung" ist – realisieren sich

die folgenreichen mythischen, diskursiven und die folgenreichen technischen, materiellen Aspekte der Digitalität gleichzeitig. Sie gehören zusammen.

Wie sie zusammenspielen, ist auch eine Frage des Tempos. Die Geschwindigkeit der technischen Neuerungen und Innovationsschübe kommt als die Geschwindigkeit an, mit der ich als „User" und Teil der „digitalen Ära" zur permanenten Aktualisierung aufgerufen bin. ‚Dinge und Menschen, die nicht aktualisiert werden, sind Dinge und Menschen, die verloren gegangen oder in Not geraten sind, denn auch wir sind zu Wesen des Updates geworden', kommentiert Wendy Chun (2016, S. 2) mit Ursula Frohne diese Aktualisierungsbürde: „To be is to be updated: to update and to be subjected to the update."

Wenngleich Fortschrittsdruck ein seit dem 18. Jahrhundert bekanntes Phänomen ist, liegt genau hier das Spezifische des computerisierten Fortschritts: in der Programmierbarkeit, die das Update-Dogma überhaupt erst möglich macht.

Programmierbarkeit hat der Bioinformatiker Michael Conrad (1988, S. 286) als die Fähigkeit beschrieben, ‚ein Programm vorschriftsmäßig an ein aktuelles System zu kommunizieren'. Die Form eines solchen Programms aber – einer ‚Regel, die das Verhalten eines Systems generiert' (ebd., S. 287) – und der Rahmen dieser Vorschriftsmäßigkeit ist bei Computern an den strengen Formalismus der Berechenbarkeit und an ‚eine end-liche Menge an Symbolen und Operationen' (ebd., S. 288) gebunden. Nur was in diesem Formalismus darstellbar wird, kann Teil der Berechnungen von begrenzten Relationen werden. Dies ist der ‚Preis der Programmierbarkeit' (ebd., S. 286) in den „theoretischen Grenzen der Informationsverarbeitung" (Heil-mann 2018, S. 176).

Auf dieser Grundlage bleiben Computer insofern flexibel, als sie nicht-festgelegte Maschinen sind. Sie stehen im Ruf einer *General Purpose Machine* und können beliebige (wenn auch nicht alle) Zwecke erfüllen, indem sie durch Programmierung für je bestimmte Zwecke immer wieder neu festgelegt werden. Alle Zwecke, die sich durch die Rechenleistungen des Computers irgendwie realisieren lassen, können von Computern darum erfüllt werden, weil sein einziger festgelegter Zweck eben

genau der ist, zu ‚rechnen' (vgl. Coy 1994, S. 19). Genauer:
Diese Vielfalt der Zwecke existiert, weil und insofern sie mit den
Mitteln einer Rechenmaschine prozessiert werden können, die
Rechnen als regelbasierte Manipulation von Zeichen durchführt.
Dank präziser, entschiedener Abläufe von algorithmischen
Befehlsketten, die der Wenn/Dann-Entscheidungslogik folgen,
können diese unbestimmten Maschinen bestimmt werden.
Immer wieder neu. Das macht die „programmierbare[] Zweck-
bestimmung" (ebd.) dieser Maschinen aus: ihre buchstäblich *ent-
schiedene Programmierbarkeit.*

Deshalb ist mit Computern ein besonderes Innovationsver-
sprechen verbunden. Grenzenloser Fortschritt, eingebautes Ver-
besserungspotenzial spiegelt sich in dem so merkwürdigen
Anspruch von *New Media*, überzeitliche Aktualität und ewigen
Wandel schon im Namen festzuschreiben. Neu wird nie alt.
Diese Form von Sein ist auf ein Anders-Werden hin angelegt.
So konnten Computer die idealen Maschinen und Effektoren
jener gesellschaftlichen Veränderungen werden, die als „flexibler
Kapitalismus", „neuer Geist des Kapitalismus" und „Anrufungen
des Neoliberalismus" diskutiert worden sind (vgl. Distelmeyer
2012, S. 217–239).

Das macht die Auseinandersetzung mit Digitalität umso
komplizierter. Eine Zumutung ist Digitalität also auch deshalb, weil sie mythisch und materiell zugleich ist und beides in
einer wechselseitigen Beziehung zueinander steht. Digitalität
ist ohne Digitalizität und ihren Druck der Dringlichkeit nicht
zu haben und nicht zu verhandeln. Gleichzeitig werden diskursive Setzungen von zutiefst materiellen und folgenreichen
Prozessen überholt (und dabei mitgeschleift), weshalb nie nur
vom Mythischen, nie nur von Digitalizität die Rede sein kann.

Um dieser Begriffsfalle zumindest teilweise zu entgehen,
werde ich im Folgenden das umfassende und eindringliche
Setzen auf „die Digitalisierung" – also die zunehmenden Verfahren der vernetzten Ausbreitung, Einbettung und Eigendynamik von Computertechnologie – als *Computerisierung*
ansprechen: als eine sowohl materielle wie ideologische Entwicklung. Mythen mit Gewicht.

1.3 Diskurs (unbestimmte Bestimmung)

Diese Problematik gleichzeitig mythischer und materieller Phänomene spiegelt sich auch in der Verwendung des Begriffs Digitalität in der Medienwissenschaft und verwandten Disziplinen. Am auffälligsten ist dabei, wie unterschiedlich die Zugänge sind. Digitalität erweist sich hier als eine außerordentlich uneinheitliche Größe, als eine unbestimmte Bestimmung.

Ganz gleich, ob dieses Auseinanderdriften nun „sinnvoll" ist, „weil verschiedenen Phänomenen von Digitalität im Objektbereich verschiedene Begrifflichkeiten und Methoden entsprechen könnten" (Schröter 2016), oder nicht: Die Differenz der Bedeutungen und Ansätze – und das wäre die dritte Bürde der Digitalität – mutet zu, sich zu diesen unterschiedlichen Haltungen in Beziehung zu setzen. Also noch einmal: Was kann das sein, Digitalität?

Die Bandbreite der Erklärungen reicht von eher technischen Konstellationen, verstanden als „die Synergie aus Schaltalgebra, Information, Feedback plus Elektrizität" (Mayer 2018, S. 42), über die medienphilosophische Bestimmung der „Diskretisierung" (Krämer 2018, S. 54) bis zu „the circumstance of living in a digital world, characterised by the proliferation and use of digital technologies" (Bennett et al. 2014, S. 233). Für Frieder Nake (2016, S. 18) ist Digitalität ein Gedankenkonstrukt, a „mental concept". Als solches ist Digitalität für Sean Cubitt (2016, S. 267) genauso unrein wie die Technologie, die das Wort zu fassen versucht: „Defining the digital is as messy as the digital itself."

„Digitality," so Seb Franklin (2015, S. xix), „comes to describe not only a set of technologies or logical operations but also a fundamental condition." Für Franklin (ebd., S. 6) entwickelt sich Digitalität dabei zu einer Gesamtheit verallgemeinerter Metaphern und Versprechen technischer Organisationen, zu denen insbesondere „their purported immateriality, flexibility, and freedom" gehören: „Digitality promises to render the world legible, recordable, and knowable via particular numeric and linguistic constructs." (ebd., S. xix).

Gerade die von Franklin angeführten Assoziationen der
Flexibilität und Immaterialität – zwei Dauerbrenner der
Digitalizität – spielen in der Auseinandersetzung mit Digitalität
bis heute eine wesentliche Rolle. Schon Nicolas Negropontes
(1995b, S. 58) berühmte Setzung von 1995, „die digitale Welt"
sei „wesentlich flexibler als das analoge Reich", zielte auf die
Überwindung materieller Grenzen. Sein Vorschlag, die „Vorzüge
und Konsequenzen des digitalen Lebens" ließen sich „am besten
verdeutlichen, wenn man den Unterschied zwischen Atomen und
Bits genau betrachtet" (ebd., S. 19), verankerte das Immateriali-
tätsversprechen ganz grundlegend im Spiel der Digitalizität.
Einige Jahre zuvor hatte Stewart Brand (1990, S. 40) diesen
Ansatz bereits so formuliert: „Digitalität ist ein geräuschloses
Medium mit eingebauter Fehlerkorrektur."

Diese implizite Flexibilität – von Lev Manovich (2001,
S. 36–45) mit großem Widerhall als Variabilität und eines der
fünf grundlegenden ‚Prinzipien der neuen Medien' definiert –
hängt kausal mit dem zusammen, was hier Immaterialität meint:
Weil alle Prozesse in elektronischen Digitalcomputern auf dem
Verschicken von Signalen (als elektrische Spannungszustände)
beruhen, die damit jede Operation (und alle darauf beruhenden
Zeichenfolgen, Präsentationen und Befehle) beliebig manipulierbar und transportfähig machen, sind sie flexibel. Kurz: Computer
sind flexibel kontrollierbar und darum so attraktiv für die Idee
einer anpassungsfähigen Verwaltung von potenziell allem.

So überwindet Digitalität für Negroponte (1995b, S. 47) „die
Tyrannei des Raums […] und bis zu einem gewissen Grad der
Zeit". So – auf der zutiefst materiellen Grundlage des Leitens
elektrischer Ladung – sollen Bits Atome bezwingen. Physik
schlägt Physik.

Der (post)operaistische Begriff der „immateriellen Arbeit"
setzt insofern hier an, als damit „die neue, die informationelle
und kulturelle Dimension der Ware hervorbringende[n] Quali-
tät von Arbeit" (Lazzarato 1998, S. 39) betont werden soll,
welche ohne den ausgebreiteten Einsatz und die Vernetzung
von Computern undenkbar ist. Noch immer arbeiten Körper mit
Materie. Das Adjektiv „immateriell" soll hier jedoch den Anteil
des Computers an diesen Arbeitsformen ebenso unterstreichen

wie das damit verbundene Phänomen, dass solche Tätigkeiten
nicht immer als Arbeit erkannt werden.

Vorstellungen von Flexibilität und Immaterialität sind seit
den 1990er Jahren bestimmende Größen im Diskurs der Digitalität: als „gestaltwechselnde[n] Offenheit der Digitalität" (Tholen
2002, S. 52), als „Trend der Immaterialisierung" (Nake 2009,
S. 153), als „immateriality of the digital itself" (Hayward 2013,
S. 107–108) oder als „dream of digitality: that you are matter-
free" (King/Longo 2015, S. 96). Ihre Wirkmächtigkeit zeigt sich
nicht zuletzt in ihrer globalen Verbreitung.

Die weltweit in unterschiedlichen Ausmaßen betriebene
Computerisierung, die als Phänomen der Globalisierung
„zwischen *globalen Formen und lokalen Materialien*" (Ritzer
2018, S. 6, Herv.i.O.) ausgehandelt wird, hat Dal Yong Jin (2015,
S. 67) als eine neue Form von Imperialismus diskutiert. Was sich
dabei ausbreitet, sind keineswegs nur Hardware, Software und
dadurch realisierte Plattformen. Es sind auch Denk- und Sprech-
weisen, die sie betreffen.

Digitalität, Flexibilität und Immaterialität finden dabei immer
wieder zusammen, wie Fabíola M. Ribeiro und Rejane Spitz,
die als brasilianische Künstlerin und Theoretikerin zum Verhältnis von Computern und Kunst arbeitet, exemplarisch zeigen. Mit
Bezug auf Projekte der Archigram Group aus den 1960er Jahren
skizzieren Ribeiro und Spitz (2006, S. 30), was „digitality" heute
in „our intensely, inescapably digital lives" ausmache: „some
sort of dematerialisation", die in der „digital logic" mit den
Attributen „manipulable, flexible" (ebd., S. 24) verbunden ist.

In ihrer Auseinandersetzung mit den ökonomischen
Entwicklungen in Südkorea und China seit 2009
erörtern Changwook Kim, Jack Linchuan Qiu und Yeran
Kim Digitalisierung in Beziehung zu Flexibilität und
Immaterialisierung. Sie betonen für „Korea's cultural industry"
(Kim 2018, S. 164) und für die Frage, „how Korea and China
responded to the 2008–2009 global economic crisis" (Qiu/
Kim 2010, S. 630), wie stark im ostasiatischen Raum die Ent-
wicklung eines „digitalized flexible production regime"
(Kim 2018, S. 169) und des „digital capitalism" (Qiu/Kim
2010, S. 645) mit Flexibilisierung und auch insofern mit

Immaterialisierung verbunden sind, als immaterielle Arbeit, „both the positive and critical senses of immaterial labor" (ebd., S. 634), gerade in Südkorea und China rasant an Bedeutung gewonnen haben (Kim 2018, S. 167).

Zwei Einschränkungen sind an dieser Stelle nötig. Denn die Verbreitung bestimmter, hegemonialer Denkfiguren und Fragen, die z. B. als Teil des von Dal Yong Jin beschriebenen Platt-form-Imperialismus wirken, mag zwar auf den ersten Blick nicht-westliche Denktraditionen verdecken. Aber sie löscht sie nicht aus. Vielmehr wirken hier – insbesondere Forschungen der 2010er Jahre betonen das – permanent Vermischungen und Aneignungen, neben- und miteinander laufende Konzepte.

Mit Beispielen wie der Frage, „how Asia-as-*technê* could become so easily adapted to our contemporary computational landscape", hat R. John Williams (2014, S. 215, Herv.i.O.) die asiatischen Einflüsse auf westliche Hochtechnik und damit ver-bundene Wunschkonstellationen untersucht. Matteo Pasquinelli hat die Bedeutung des Hinduismus und seiner Rituale für das Verhältnis von Zahlen, Daten und Algorithmen betont, das heute gerade für die Entwicklung des *Machine Learning* so immens wichtig ist: „[I]nvisible algorithms that were encoded into social practices and rituals made numbers and numerical technologies emerge, not the other way around." (Pasquinelli 2019) In seiner Rekonstruktion des technologischen Denkens in China hat Yuk Hui (2016b, S. 307–308) die darin wirkende ‚*Qi-Dao*-Beziehung' erörtert, um neue technologische Zukünfte und die ‚Wiederaneignung moderner Technologien' durch die Annäherung an andere Epistemologien denkbar zu machen.

Die zweite Einschränkung betrifft die konkrete Form der Verbreitung dominanter Denkfiguren und Diskurse. Denn so deutlich der Zusammenhang zwischen Flexibilisierung und Digitalisierung international besteht und diskutiert wird, so wenig ist damit schon über die jeweiligen Positionen diesem Komplex gegenüber gesagt.

Für die Verzahnung von Theorie und Praxis sind die Ent-wicklungen in Taiwan besonders interessant. Die Hoffnungen auf jene Demokratisierung und partizipative Ermächtigung, die in Europa und den USA insbesondere in den 2000er Jahren den Ausbau des Internets begleitet und die damit verbundene Digitalizität geprägt haben, kommen hier auf eine nächste Stufe. Intensiviert durch den Kontrast zum Nachbarland China, in dem die Computerisierung zu einer neuen Form gesellschaftlicher Überwachung, Bewertung und Kontrolle hochgerüstet wird und der Staat durch ein Sozialkredit-System mit *Big Data*-Anwendungen die Bevölkerung mittels persönlicher Punktekonten führen will.

Was jedoch in dieser Gegenüberstellung des chinesischen „Totalitarismus im digitalen Gewande" (Strittmatter 2018, S. 12) und der taiwanesischen Verbindung von Demokratie und Computerisierung als kapitalistisches Kontrastprogramm leicht unter den Tisch fällt, sind – erstens – grundsätzliche Verbindungen, die auch westliche Demokratien betreffen (vgl. Wong/Dobson 2019; Ohlberg 2019). Nicht nur weil die chinesische „Idee eines Bonitätssystems zumindest teilweise von Auskunftsdiensten wie der Schufa in Deutschland und FICO in den USA" (Ohlberg 2019, S. 61) inspiriert ist: Die Entwicklung in China lässt sich durchaus als Zuspitzung von Plattform-Kulturen und -Strukturen beschreiben, auf die ich später noch mit Begriffen wie *Capture*-Kapitalismus und *Affective Computing* zurückkommen werde.

Zweitens wird eine derart klare Konfrontation auch durch konkrete Maßnahmen erschüttert, wie Reaktionen auf die Corona-Pandemie 2020 zeigten. Taiwan gehörte – wie China – zu den Staaten, die staatliche *Tracking*-Verfahren zur Verfolgung von Mobiltelefonen einsetzten, um zu kontrollieren, ob Quarantänepflichten eingehalten werden. Im Unterschied zu China allerdings betonte die taiwanesische Regierung den Ausnahmecharakter des *Mobile Phone Tracking*, das ‚im notwendigen Umfang minimiert' werde, damit ‚der Schutz persönlicher Daten und der Privatsphäre gewahrt bleibt' (Tang 2020, 2). Der Name für diese betont flexible Kontrolle passt prächtig zur mythischen Immaterialität der so gewahrten Grenze: „Digital Fence" (ebd).

In Taiwan setzt die Digitalministerin Audrey Tang die entscheidenden Impulse. Sie wirbt für ‚ein gemeinsames partnerschaftliches Ökosystem'; in ihm sollen ‚die Regierung, die *tech community* und Firmen' zusammenarbeiten, um zu beweisen, dass ,digitaler Code demokratische Werte in bislang unvorstellbarer Weise unterstützen kann' (Tang 2009). Die diversen staatlichen und durch die Hackergruppe g0v eingerichteten Plattformen für Petitionen und Debatten versprechen damit eine andere Flexibilisierung: eine Form von Regierung, die selbst insofern flexibel würde, als sie Menschen in die Lage versetzt, ,ihre Bürgerrechte durch politische Entscheidungen als Ergebnis einer deliberativen Demokratie' auszuüben (De Vaujany et al. 2019, S. 14).

Auch Achille Mbembe, der bekannteste Philosoph des afrikanischen Kontinents, stellt „flexibel" und „digital" in einen engen Zusammenhang. In *Kritik der schwarzen Vernunft* (2014, S. 15) spielen die „elektronischen und digitalen Technologien" eine Schlüsselrolle. Sie führen Mbembe (2015, S. 33) zu der provozierend essenzialistischen These eines grundsätzlich digitalen Kontinents, „Africa was digital before the digital". Warum er Afrika als ,fruchtbaren Boden für die neuen digitalen Technologien' sieht, begründet Mbembe (2015, S. 32–33) mit dem, was er ,die Philosophie' dieser Technologien und ,den Geist der Digitalität' nennt:

> [T]he philosophy of those technologies is more or less exactly the same as ancient African philosophies. This archive of permanent transformation, mutation, conversion and circulation is an essential dimension of what we can call African culture. […] This flexibility and this capacity for constant innovation, extension of the possible, that is also the spirit of the Internet, it is the spirit of the digital, and it is the same spirit you will find in pre-colonial and contemporary Africa.

In diesem Sinne spricht Mbembe (2014, S. 20–21) vom „Schwarzwerden" der Weltbevölkerung. Weil sie an die „Möglichkeit einer Verwandlung der Menschen in belebte Dinge, in digitale Daten und Codes" gekoppelt ist, verweise „der Name Neger" erstmals in der Menschheitsgeschichte „nicht mehr nur auf die Lage, in die man die Menschen afrikanischer Herkunft in der Epoche des Frühkapitalismus brachte (Enteignungen unterschiedlicher Art, Beraubung jeglicher Möglichkeit der Selbstbestimmung und vor allem der Zukunft und der Zeit, dieser beiden Matrizen des Möglichen)". Nunmehr sei diese Auflösung von Selbstbestimmung zugunsten einer flexiblen Nutzbarmachung von Individuen/Daten eine neue, weltweite Daseinsform.

Die Bezugnahmen auf Flexibilität und Immaterialität sind, Mbembes Ansatz zeigt das besonders deutlich, keineswegs nur affirmativ. Seit Ende der 1990er Jahre nimmt – zunächst vereinzelt und in den 2010er Jahren immer deutlicher – die Betonung der Materialität dieser vermeintlich unstofflichen Revolution zu. Bereits 1993 hatte Friedrich Kittlers Diktum „Es gibt keine Software" den wohl bekanntesten Einspruch der deutschsprachigen Medienwissenschaft gegen die Hardware-Vergessenheit, die Geste des Immateriellen und den Siegeszug der Software-Industrie eingelegt. Wesentlich ist dabei, dass Kittler Programmierbarkeit als „ein Attribut von Hardware, nicht von Software" (Heilmann 2018, S. 171) versteht – sie „gründet also in der materialisierten Struktur eines Computers (wobei diese Struktur durch unterschiedliche Bauteile realisiert werden kann, durch Elektronenröhren genau so wie durch Transistoren oder integrierte Schaltkreise)" (ebd.).

Im Umfeld der Debatten um das Anthropozän (vgl. Renn/ Scherer 2015), um den *Material Turn,* eine Geologie der Medien (vgl. Parikka 2015*)* und die Ausrichtung, „das nahtlos ineinander übergehende Gewebe der ‚Natur/Kultur' zu untersuchen" (Latour 1995, S. 14), betonen im 21. Jahrhundert theoretische und gerade auch künstlerische Reaktionen auf die Mythen der Digitalizität zunehmend die materiellen Bedingungen und Auswirkungen (vgl. Lutz et al. 2015; Franke et al. 2016; Moll 2018; Andersen/Pold 2018, S. 221–155). Auseinandersetzungen mit dem „myth of immateriality" (Paul 2007, S. 269), mit dem „Mythos der Entkörperung im Digitalen" (Robben 2012, S. 20), mit der „material representation of the Internet […] blurred in the social imagination" (Moll 2018) mehren sich.

Grundsätzliches kommt damit in den Blick: Kabel, Serverparks, Infrastrukturen, Körper und Maschinen, skandalöse Arbeitsverhältnissen beim Abbau, Verwerten und Recycling der nötigen Rohstoffe, Computerschrott und auch der Energieverbrauch der Computernutzung.

Allein der Datenverkehr des Internets, an dem die permanent online verschalteten und Traffic produzierenden Smartphones ihren ansteigenden Anteil haben, wächst sich zu einem entscheidenden Faktor des Energieverbrauchs und der entsprechenden Umweltbelastung des Planeten aus. Umgerechnet in CO_2-Äquivalente entsprach der Energiebedarf von Rechenzentren in Deutschland im Jahr 2018 „ungefähr den CO_2-Emissionen, die wir im Flugverkehr in Deutschland haben" (Eckert 2018). Die Projekte der Künstlerin Joana Moll verhandeln seit Jahren die Materialität des Internets und das Verhältnis von Digitalität und Energieverbrauch (vgl. Moll 2020).

Greenpeace-Studien zufolge lag das Internet, wäre es ein Land, bereits 2017 auf Platz sechs der Nationen mit dem größten Energieverbrauch (Weiland 2017). In der gleichen Rechnung kam der Energieverbrauch des weltweiten IT-Sektors – des gesamten Bereichs der Entwicklung, Wartung und Nutzung von Computersystemen, Software und Netzwerken – hinter China und den USA auf Platz drei (Cook et al. 2017, S. 16). Tendenz, wie auch die Temperatur des Weltklimas, steigend: jährlich um ca. 9 % (TSP 2019, S. 15).

So wird präsenter, dass sich die Technologie, mit der sich die alten Versprechen immaterieller Flexibilität und Ermächtigung erfüllen sollen, durch das Gegenteil dieser Hoffnungen ausbreitet. Die Computerisierung wird durch eine Ausbeutung realisiert, die mehr betrifft als die Frage der Energieressourcen und Rohstoffe (vgl. Franklin 2015, S. 6). Arbeits- und Lebensbedingungen sind davon ebenfalls betroffen – sowohl derer, die als Clickworker mit Computern Akkordarbeit leisten, als auch derer, die an der Herstellung und Verschrottung der Geräte beteiligt sind.

Zusammenhänge werden beschrieben (vgl. Mantz 2008; Qiu 2012; Heilmann 2015; Wan 2019) und z. B. durch das Computerspiel *Phone Story* (Molleindustria, 2011) und den Desktop-Dokumentarfilm *All that is solid* (Louis Henderson, 2014) auf eben jenen Geräten sicht-, hör- und spielbar, um die es dabei in jeder Beziehung geht: Die Versklavung und Kinderarbeit im Kongo zur Gewinnung von Coltan-Erz, dem systemrelevanten Rohstoff von Computer-Hardware (vgl. Abb. 1.1).

Abb. 1.1 Screenshot aus dem ersten Level des Computerspiels *Phone Story* (Molleindustria, 2011), in dem Spielende die Kinderarbeit beim Abbau von Coltan-Erz überwachen und damit einen Anteil an den Produktionsverhältnissen jener Geräte durchspielen, die sie dabei in Händen halten

Die (selbst-)mörderischen Arbeitsbedingungen im chinesischen Shenzhen, unter denen dort die Geräte gefertigt werden. Die Arbeit auf den Elektromüllhalden in Ghana, Pakistan oder China, in denen restwertvolle Metalle aus den verschrotteten Computern nahezu ungeschützt herausgeschmolzen werden.

Die wachsende Aufmerksamkeit gegenüber den materiellen Bedingungen der Computertechnologie und ihrer Verbreitung, Vernetzung und Eigendynamik hinterlässt Spuren in der Bestimmung von Digitalität. „The digital materializes in a wealth of forms: electricity, light, punched tape, radio signals", betont Sean Cubitt (2016, S. 267), der noch auf eine andere Funktion der Elektrizität hinweist. Denn ihre „Magie" ist es, die den unstofflichen Charakter der Digitalizität, „the digital is clean: smooth, depthless, immaterial", historisch und ideologisch zu entfalten hilft.

Cubitts wichtiger Hinweis zielt darauf, dass die Digitalität
ihre vorgebliche Sauberkeit und Reinheit von der Vermarktung
der Elektrizität zu Beginn des 20. Jahrhunderts geerbt hat;
„a period when the production of energy was for the first time
dissociated from its consumption" (ebd., S. 266). Dieses Erbe
ist von der Dynamik nicht zu trennen, mit der – „[c]leanliness
is always a matter of moving the dirt elsewhere" – auch Digitalität auf einer raumgreifenden Infrastruktur aus Energieerzeugung,
Materialgewinnung sowie menschlicher und planetarischer Ausbeutung basiert, die zum „physical weight of digital media"
gehört (ebd.). Die Leichtigkeit des Digitalen wiegt schwer, seine
Sauberkeit ist schmutzig.

1.4   Freundliche Übernahme (das Netz)

Die vermeintliche Reinheit des Digitalen speist seine mythische
Effektivität. Unbefleckt von Materie soll sich der Zauber des
Digitalen entfalten, dessen ideologische Überzeugungskraft
und technische Bedingung aufs Engste mit jener der Elektrizität
zusammenhängt. Hier wirkt ‚die Magie der Elektrizität', die den
mit ihr befassten Physiker William Thomson alias Lord Kelvin
für sein viktorianisches Publikum zum ‚wohl angesehensten
Schamanen seiner Zeit' gemacht haben mag (Lahiri Choudhury
2010, S. 124). Dabei spielt eine besondere Rolle, dass Thomson
seine Forschungen für die transatlantische Telegrafenverbindung
einsetzte, die noch 1925 als Fusion von Magie und Mysterium
beschrieben worden war: „It combines with the magic of
electricity the tang and mystery of the sea." (Gray 1925, S. 48).
    Was die Bezüge zu Telegrafie und Elektrizität für eine Kritik
der Digitalität bedeuten können, wird das zweite Kapitel dieses
Buches bedenken. Dabei werden Fragen in den Vordergrund
rücken, die sich mit Ebenen der *Interfaces* und Prozessen des
Leitens aufdrängen.
    Auf dem Weg dahin aber liegt zunächst eine andere Ver-
bindung zwischen Digitalität und Telegrafie. Sie betrifft eine
bemerkenswerte Entwicklung im Diskurs, mit der sich die
Zumutung der Digitalität, die bestimmende Unbestimmtheit

dieses Begriffs, durch eine vierte Bürde weiter ausprägt. Denn in 2010er Jahren hat sich dessen Bedeutung merklich verschoben. Digitalität und Vernetzung bilden nun eine Einheit.

Zur *Kultur der Digitalität* hat Felix Stalder aus der Immaterialitätskritik und der Gleichzeitigkeit mythischer und materieller Phänomene der Computerisierung eine in diesem Sinne exemplarische Konsequenz gezogen. Stalder (2016, S. 14) verweigert, „das ‚Digitale' vom ‚Analogen', das ‚Immaterielle' vom ‚Materiellen'" abzugrenzen, denn auch „unter den Bedingungen der Digitalität verschwindet das Analoge nicht, sondern wird neu be- und teilweise sogar aufgewertet". Parallel zur laufenden Ex- und Intensivierung immaterieller Arbeit an Computern sind auch die Fabrikjobs „nicht einfach verschwunden, sie wurden nur teilweise aus den westlichen Nationen ausgelagert" (ebd., S. 24).

So stellt sich Stalder dem ersten Grund der Zumutung von Digitalität, der ersten Bürde, indem er die unterschiedlichen Facetten der Gesamtheit aufzuschlüsseln versucht. Dabei kommen die „Veränderungen der Arbeitswelt", die „Selbstermächtigung marginalisierter Gruppen" und die „Auflösung der kulturellen Geografie von Zentrum und Peripherie" ebenso ins Blickfeld wie die „Ausweitung der Felder der Kultur", die „wachsende Bedeutung komplexer Technologien als Grundlage des Alltags" und „die Entwicklung des Internets hin zu einem Massenmedium" (ebd., S. 10).

Den doppelten Singular „Kultur der Digitalität" trotz dieser betont vielfältigen Formen und Folgen der Computerisierung zu wählen, ist eine Reaktion auf sie. Es ist eine Antwort auf die Zumutung und zugleich ein Echo der Dringlichkeit: Der Singular Digitalität zeigt an, dass die aufgeschlüsselten Facetten allesamt durch die gleiche Technologie bedingt und motiviert werden. *Computation rules.* Und der Singular Kultur spricht „in Bezug auf die kulturelle Entwicklung des (transatlantischen) Westens" davon, dass „diese Prozesse, die zunächst parallel und unabhängig voneinander verliefen und als einzelne möglicherweise reversibel gewesen wären", heute aufs Engste „miteinander verschränkt und als kohärente Kultur der Digitalität gesellschaftlich dominant" sind (ebd., S. 9–10).

Stalders Definition der Digitalität leitet sich daraus ab – und bezeugt damit den sich vollziehenden Paradigmenwechsel:

> ‚Digitalität' bezeichnet damit jenes Set von Relationen, das heute auf Basis der Infrastruktur digitaler Netzwerke in Produktion, Nutzung und Transformation materieller und immaterieller Güter sowie in der Konstitution und Koordination persönlichen und kollektiven Handelns realisiert wird. (ebd., S. 14).

Die neue Basis ist das Netz. Das Internet und sein „Ausbau zur allgegenwärtigen Kommunikations- und Koordinationsinfrastruktur um die Jahrtausendwende" (ebd., S. 73) sind in dieser Logik nicht nur eine Ausprägung, nicht nur eine Form oder eine Zuspitzung von Digitalität. Die protokollogische Vernetzung (vgl. Galloway 2004) – eigentlich eine spezielle Ausprägung jenes größeren Zusammenhangs der Bedingungen und Folgen elektronischer Digitalcomputer – wird nun seine neue Grundlage. Digital ist, was vernetzt ist.

Ähnlich eingesetzt wird diese neue Bestimmung in Yuk Huis wichtiger Studie zu digitalen Objekten. Als *digital objects* untersucht Hui (2016a, S. 1–2) die Datenmengen und -typen, die zu vereinheitlichten Objekten werden und uns so z. B. als „online videos, images, text files" oder als Profile auf Facebook erreichen: „data and metadata, which embody the objects with which we are interacting, and with which machines are simultaneously operating" (ebd., S. 48). „Digital" bezieht sich dabei insbesondere auf die neuere Entwicklung zur vernetzten Datenverarbeitung, „that which we have since proclaimed as the digital" (ebd., S. 49) – Datenaustausch über einzelne Computer hinaus, Datennetze zwischen Plattformen.

So verlagert sich die Bedeutung der Digitalität von der Gesamtheit und Eigenart des Wirkens diversifizierter Computer hin zu ihrer Vernetzung als neue Grundeinstellung. „Der Imperativ, online zu gehen, breitet sich aus", erklärt Dorle Dracklé (2014, S. 400) die „normative[] Instanz", zu der sich „[d]as Internet, soziale Netzwerke und Smartphones" entwickelt habe. Auch wenn dieses Fazit hier seinerseits normativ wirkt: In der Begriffsbildung scheint sich der Imperativ flächendeckend durchzusetzen. Digital geht online.

Nicht nur wird mit dem Begriff „Digitalkultur" im Alltag „heutzutage häufig die Nutzung des Internets und der sozialen Medien in Verbindung gebracht" (Ochsner 2016). Auch ihre kulturwissenschaftliche Bestimmung als „spätmoderne Kultur der Digitalität" (Reckwitz 2018, S. 243) geht davon aus, dass die prägenden Faktoren „Algorithmen" und „Digitalisierung" mittlerweile durch die *„kommunikative[] Vernetzung* zwischen den Computern (sowie anderer Apparate)" (ebd., S. 231–232, Herv.i.O.) überformt werden.

Die gleiche Begriffsbewegung ist in der Soziologie zu beobachten wie z. B. Philipp Staabs Forschung zur Plattform-Ökonomie und den proprietären Märkten weniger Internet-konzerne zeigt: „Das Digitale am digitalen Kapitalismus" ist bei Staab (2019, S. 12–14) gerade nicht „die digitale Techno-logie" – stattdessen liege sein Kern „im kommerziellen Internet, dessen Leitunternehmen zu den entscheidenden Schnittstellen für immer mehr ökonomische Prozesse geworden sind und ohne das die omnipräsenten Computer nur einfache Rechenmaschinen wären".

Auch der regierungspolitische Umgang operiert immer wieder in diesem Sinne mit dem Digitalen. Schon die Ein-schätzung des deutschen Bundesinnenministers von 2016 zum „digitalen Zeitalter", zur „digitalen Welt" und einem „gewünschten Beitrag für die digitale Revolution" durch „[g]ute Datenpolitik" lässt hier ebenfalls wenig Zweifel zu: Weil „ver-netzte elektronische Geräte […] immer stärker unseren Alltag" prägen, sollen Daten „das Rückgrat unserer digitalen Gegen-wart und Zukunft" sein (de Maizière 2016). Das Internet hat die Digitalität übernommen.

Eine existenzielle Dimension dieser neuen Bestimmung führt die Debatte um die Bedeutung digitaler Technologien angesichts der Corona-Krise 2020 vor Augen. „Digital" meint hier immer wieder einen Zustand der Vernetzung. Hier sind „digital tools" Mittel einer „online culture" (Roose 2020). Hier eint „die Ein-geborenen des Digitalzeitalters" die Erfahrung, „wie großartig, wie hilfreich digitale Vernetzung sein kann" (von Gehlen 2020), und nichts Geringeres als eben „das Digitale" halte „Arbeits-prozesse, die Möglichkeit zu lernen und soziale Interaktion aufrecht" (Rosenfeld 2020). Auch Kritik am zunehmenden Online-Handel als Verschärfung des Plattform-Kapitalismus setzt „digital infrastructures" mit Infrastrukturen und Services des Internets synonym (Marx 2020). So wie die COVID-19-Pandemie die Akzeptanz für „die Digitalisierung" befördert haben mag, hat sie die Gleichung *digital = vernetzt* weiter normalisiert.

Die absurdeste Konsequenz dieser Entwicklung liefert indes die Filmindustrie. Um die Auswertung ihrer Produkte auf den digitalen Datenträgern Blu-ray und DVD sowie durch Online-Verfügbarkeit per Stream und Download auf einen Rutsch anzupreisen, haben sich feine Unterschiede durchgesetzt. Zusätzlich zur Blu-ray und DVD gibt es Filme nun auch „digital" (vgl. Abb. 1.2 und 1.3.). Technik, die begeistert: Die Digital Versatile Disc, deren Digitalität ab Mitte der 1990er Jahre als Alleinstellungsmerkmal so aufwendig beworben und inszeniert wurde (vgl. Distelmeyer 2012), ist nicht mehr digital genug. Darum konnte Amazon als Streaming-Plattform die Auswertung der Serie *You Are Wanted* mit dem irren Treppenwitz ankündigen, bald gäbe es „die Serie auch auf DVD – völlig analog" (Amazon 2017).

Abb. 1.2 Filmwerbung von Universal (Universal Pictures Home Entertainment 2019)

Abb. 1.3 Filmwerbung von Weltkino (Weltkino Filmverleih 2018)

Diese weit über akademische Begriffsarbeit hinausreichende, alltägliche Bedeutungsverschiebung von „digital" nährt auf ihre Weise die Immaterialitätsgeste der Digitalizität. Der Mythos lebt. Allerdings nicht als schlichtes Fortbestehen, sondern als eine Verlagerung, die zugleich eine Zuspitzung ist.

Wurde „digital" in den 1990er Jahren in Abgrenzung zu „analog" und als Auflösung sperriger Materie zugunsten nahezu unstofflicher Flexibilität mit Interaktionsversprechen gedacht (Digitalisierung als Verwandlung, aus „alt" mach „neu"), inthronisiert die Gleichsetzung von „digital" und „vernetzt" eine immer schon laufende Effektivität von Austausch- und Transferprozessen. *It's a kind of magic.* Die Infrastrukturen, nötigen Ressourcen, Apparate und Regelungen, die solche Prozesse überhaupt erst möglich machen, kommen noch weniger in den Blick, wenn die Resultate des Vernetzt-Seins synonym mit dem Begriff werden, der einst den Übergang zu einer neuen Technik zu bezeichnen versprach. Wenn „digital" gleichbedeutend wird mit der Leistung von Computernetzwerken, mit der protokollogischen Funktionalität des Internets, verschiebt sich die Aufmerksamkeit weiter von materieller Bedingtheit zu magischer Effektivität.

Abb. 1.4 Internet ohne Computer: Screenshot aus dem Telekom-Werbespot der Europa-Kampagne (Telekom 2016)

Zwar sind weder Computer noch ihre Vernetzungen allein durch Hardware zu erklären. Materialität erschließt keineswegs allein, was Digitalität ist. Doch stärker noch als die Funktionsweise meines Computers, den ich in Händen halten kann, sind Netz-Infrastrukturen wie Unterseekabel, Funknetze und Serverparks meinem Blick entzogen – und legen damit Vorstellungen gleichsam magischer Möglichkeiten desto näher.

Der wolkige Begriff der *Cloud* trägt ebenso zu dem Eindruck bei, das „vorherrschende Bild vom Internet" sei „eine Art waberndes elektronisches Sonnensystem, eine kosmische ‚Datenwolke'" (Blum 2012, S. 16), wie die Europa-Kampagne der Telekom 2016. Im Werbespot der Kampagne, „Fühl dich verbunden in ganz Europa", bewegt sich der Sänger Andrea Bocelli betont frei durch europäische Musterorte. So wird das Internet tatsächlich ohne einen einzigen Blick auf Computer (welcher Art auch immer) beworben (vgl. Abb. 1.4). Bocelli spricht (im Off, passend körperlos) vom „Netz", das Grenzen überwindet, „unverzichtbar und unsichtbar" sowie „Gegenwart und Zukunft" sei, um mit dem letzten Satz seine eigene Erblindung für die Immaterialität dieser Technologie einzusetzen: „Man kann es nicht sehen – aber man kann es fühlen." (Telekom 2016).

1.5 Kritik…

Kritik ist eine ständige, zunehmend deutlicher wahrnehmbare Begleiterin der Bedingungen und Folgen von Computertechnologie. Alle bislang genannten Aspekte der Digitalität – und viele mehr, die sich daraus ergeben und hier noch unerwähnte Dimensionen betreffen – sind bereits Gegenstand unterschiedlicher Formen von Kritik geworden.

Von Beginn an: 1950, nur vier Jahre nach der Einführung des ersten elektronischen Digitalcomputers ENIAC (Electronic Numerical Integrator and Computer), veröffentlichte Norbert Wiener seine Bedenken in *The Human Use of Human Beings: Cybernetics and Society*. Besonders bemerkenswert ist dieser Einspruch, weil er von Wiener kam.

Denn seine Sorge „über die unkontrollierte kommerzielle Ausbeutung und andere unvorhersehbare Konsequenzen" (Brockman 2019, S. 11) betraf eben jene „Kontrolltechnologien" der Kybernetik, für die Wieners berühmteste Schrift *Cybernetics: Or Control and Communication in the Animal and the Machine* 1948 eine entscheidende theoretische Basis eingezogen hatte. Annahmen der Kybernetik leiten heute – allzu offensichtlich im Feedback-Prinzip von *Smart Cities* und *Smart Homes* – die Ausbreitung der Computertechnologie an. Das „heterogene Erbe der Kybernetik" und ihre Gleichsetzung „der Begriffe ‚Kommunikation' und ‚Kontrolle' prägen die Informationstechnologie und das Internet bis heute" (Stalder 2016, S. 58).

Die Gefahr sah Wiener 1950 darin, die exakte und stets entscheidungssichere Bestimmung, wie es mit numerischen Daten bei der Berechnung durch Computer geschieht, zur unhinterfragten Grundlage politischen und militärischen Handelns zu machen. Zu einer, wie Wiener (1989, S. 179) mit den Worten Dominique Dubarles formuliert, ‚Regierungsmaschine'.

Gefährlich ist diese Regierungsmaschine für Wiener also nicht etwa, weil sie eine selbständige Kontrolle und Herrschaft anstreben oder erlangen könnten, wie das kurze Zeit später der Hollywood-Film *The Invisible Boy* (1957) mit einem durchgedrehten Supercomputer von 4000 Kubikmeter Größe durchgespielt hat. Wieners Kritik zielt vielmehr darauf, dass die Maschinen von Menschen zur Kontrolle der Menschheit eingesetzt werden. Dass politische Führungen Techniken entwickeln, die sich an diesem maschinellen Vorbild orientieren.

Diese Ausbreitung von Statistik und exakter Berechnung, die alle Individuen ergreift und (im Sinne von Berechenbarkeit) gleich macht, ist von Wiener (ebd., S. 181) als fernes Horrorszenario an die Wand gemalt worden: „Fortunately we have not yet reached such a state." Doch diese Skizze ist der aktuellen Computerisierung, die im fortschreitenden Setzen auf verbreitete, vernetzte und eigendynamische Computer besteht, erstaunlich nah. Der von Costi Perricos und Vishal Kapur (2019, S. 41) beobachtete Trend zum *Anticipatory Government,* zum antizipativen Regieren dank algorithmischer Entscheidungsprozesse, spricht dafür – „predictive analytics and artificial intelligence (AI) allow governments to target likely problems before they erupt into crises".

Für John Brockman (2019, S. 11) sind „Wieners Warnrufe […] heute Realität" und müssten „von den Forschern an der vordersten Front der KI-Revolution neu betrachtet werden". Antoinette Rouvroys und Thomas Berns' (2013) Beschreibung einer „algorithmic governmentality" sowie Jennifer Gabrys (2015) Analyse des „Citizen Sensing" bekräftigen diese Aktualität.

Gabrys (2016, S. 18) unterstreicht in ihren Überlegungen zu *Ubiquitous Computing* und *Smart Cities* insbesondere die Funktion der dabei eingesetzten Sensoren: „technologies that make possible the distribution of computational logics beyond the screen and interface to spatial and environmental applications". Sensoren sind Input-Lieferanten des *Sensing* und erzeugen in Kooperation mit dafür entwickelter Software jene Welt, die sie vermeintlich nur erfassen.

Sie sorgen für „automated sensing processes", bei denen Muster erkannt und zur Aktionsgrundlage werden, und machen Computertechnologie damit zu „seemingly autonomous agents", zu quasi-autonomer Technologie (ebd., S. 65). So zeigt Gabrys (2015, S. 328), wie deren Wirken an der Produktion neuer Milieus und neuer Formen von Gesellschaft beteiligt ist, in der

durch permanente Überwachung „eine ‚Mikrophysik der Macht'
in Alltagsszenarien aus- und eingeübt wird".

Ebenfalls auf Machtfragen ausgerichtet ist die Kritik der
algorithmischen Gouvernementalität. Sie betrifft die spezielle
Automatisierung durch den Einsatz von *Big Data* und *Machine
Learning*. Die Argumentation von Antoinette Rouvroy und
Thomas Berns (2013) geht davon aus, dass sowohl die Kraft als
auch die Gefahr dieser Verselbständigung statistischer Praktiken
in einer neuen, ‚a-normativen' Gleichgültigkeit gegenüber
Individuen besteht. Indem die automatisierten Verfahren des
Datamining immer wieder auf Relationen abzielen und diese
herstellen, ergeben sich neue Formen von Normierung, die
wesentlich aus der ‚selbstlernenden Natur dieser Systeme' folgt:

> [W]e would like to strongly emphasize this „algorithmic
> governance's" indifference to individuals, insofar as it simply
> focuses on and controls our „statistical doubles", in other words
> combinations of correlations, produced automatically and using
> big data, themselves constituted or collected „by default". In short,
> what we are, „roughly", to use Eric Schmidt's term, is precisely no
> longer ourselves (singular beings) in any way. (Rouvroy/Berns 2013,
> S. 180).

Für Antoinette Rouvroy (2013, S. 145–161) entzieht sich
dieser auf *Datamining* fußenden Regierungstyp genau darum
den Bedingungen klassischer Formen von Kritik. Eine
algorithmische Regierung – eine Weiterentwicklung von Norbert
Wieners Regierungsmaschine mit den Mitteln algorithmischer
Entscheidungsfindung – gestaltet die Zukunft gleichsam automatisch, ohne diese Pläne einem Test unterziehen zu müssen.
Sie kann auf die Auseinandersetzung mit Subjekten verzichten,
weil sie ‚mit infra-individuellen Daten und supra-individuellen
Mustern' arbeitet. Sie ‚beeinflusst Einzelpersonen und Gruppen
durch Warnungen oder Stimuli', die ‚Reflexreaktionen anstelle
von Interpretation und Reflexion hervorrufen', und umgeht
damit die konfrontative Begegnung mit menschlichen Subjekten.
Kurz: Diese automatisierte Logik der Computerisierung ver-
meidet für Rouvroy die Herausforderung durch die menschliche
Freiheit.

Im Gegensatz dazu erhofft Luciana Parisi (2017, S. 75–100) von der (sich so entwickelnden) „computational logic" einen Ausweg. Die Überforderung, welche die nicht einsehbaren Prozesse maschinellen Lernens für Menschen bedeutet, könnte eine folgenreiche Krise des menschlichen Denkens freilegen. Sie erschüttert das vorherrschende Bild von Technik, ‚Maschinen seien immer schon nach dem Vorbild des Menschen gebaut und könnten somit bestimmen, was das menschliche Subjekt ist und tut' (Parisi 2019, S. 30).

So will Parisi die Dynamik dieser Techno-Logik, die Eigendynamik selbstlernender Software ‚in den Netzwerken der künstlichen Intelligenzen, die ständig voneinander lernen' (ebd., S. 27), zu einem Einspruch gegen „technocapitalist governance" (Parisi 2017, S. 86) führen. Mit der menschlichen Kränkung (qua Überforderung durch Technik) werde ‚Vernunft zu einem Instrument der Transformation der Vernunft selbst' und damit ein (philosophischer) ‚Ausbruch aus dem verfremdenden Zustand des Denkens mit und durch Maschinen' desto dringlicher (Parisi 2019, S. 47).

Während Rouvroy und Berns sich gegen die automatisiert-rechnerische Logik wenden, versucht Parisi, mit dieser Logik zu denken und damit etablierte Formen des Denkens infrage zu stellen. Zehn Jahre früher – und damit zu dem Zeitpunkt, als die neue Aufmerksamkeit für die neuronalen Netze des *Machine Learning* einsetzte – hatte Frieder Nake (2009, S. 156) betont, das Problem liege „in jenem Denken, das denkt, Maschinen könnten denken". Ähnlich entschieden gegen die Übernahme einer Rechnerlogik ist die grundsätzliche Kritik der Regeln und Relationen des Mathematischen gerichtet, denen alle Computeroperationen folgen.

Sybille Krämer und Dieter Mersch führen Digitalität auf die Grundlage des Binärcodes zurück, mit dem Computer arbeiten. Ihre Kritik an der Computerisierung als Durchsetzung von „Formalisierung" (Krämer 2018, S. 40) spitzt Michael Conrads Preis der Programmierbarkeit als „Grundproblem jeder Programmierung" (Mersch 1991, S. 109) dahingehend zu, dass sie „die Aufbereitung von Wirklichkeit zu codierbaren Daten" voraussetzt. Weil in Programmiersprachen verfasste Programme

mit ihrem „logischen ‚Wenn-dann-Schema'" letztlich „Ent-
scheidungskalküle" sind und Computer darum „Entscheidungs-
maschinen", müssen alle „Problemstellungen", für deren Lösung
Computer (in all ihren Formen) eingesetzt werden, in „ent-
scheidbare Fragen" umformuliert werden (ebd., S. 111).

„Nur *die* Fragen, die im Prinzip unentscheidbar sind," hat
Heinz von Foerster (1993, S. 73, Herv.i.O.) für eine Ethik und
Kybernetik zweiter Ordnung betont, „können *wir* entscheiden.
Warum? Einfach weil die entscheidbaren Fragen schon entschieden sind durch die Wahl des Rahmens, in dem sie gestellt
werden, und durch die Wahl von Regeln, wie wir das, was wir
‚die Frage' nennen, mit dem, was wir als ‚Antwort' zulassen,
verbunden wird."

Diese Logik spitzt sich für Dieter Mersch (2019, S. 68–69)
als Durchsetzung „algorithimischer Rationalität" zu – als sei
„das Reale ausschließlich im Raster des Digitalismus und
seiner algorithmischen Netze zu verhandeln und damit ganz
dem Horizont von Berechenbarkeit und Entscheidbarkeit zu
subordinieren, deren universaler mathematischer Repräsentant
bekanntlich die Turingmaschine bildet". Anders und mit Seb
Franklin (2015, S. xix–xx) gesagt: Damit sich das Versprechen
der Digitalität erfüllen kann, die Welt mit mathematischer
Präzision zu lesen, zu erkennen und zu verarbeiten, müssen
Prozesse der Erfassung, Definition, Optimierung und Filterung
wirksam werden. Bevor und damit etwas erfasst werden kann,
wird gleichsam automatisch ausgeschlossen, was sich den
Bedingungen des Kalkulierbaren entzieht. Auf dieser Grundlage
(v)ermitteln Computer die Welt.

Dass damit der Universalitätsanspruch des Computers als
General Purpose Machine heikel wird, liegt auf der Hand und in
dieser Verarbeitungsrechnung begründet. Zeichen der Kalkulier-
barkeit: Die „Gegenstände der Welt, ob Ding oder Prozess,"
werden als „ausgedehnte Materie" nie durch „das Nadelöhr der
Eingabekanäle in den Computer" eingehen, sondern müssen
sich „in Zeichen" verwandeln lassen, um dann „drinnen *Movens*
beliebiger algorithmischer Prozesse werden" zu können (Nake
2003, S. 8, Herv.i.O.). Darauf beruht für Dieter Mersch (2017)
der „Schein der Berechenbarkeit", auf den „Regierungsmächte"

ebenso setzen wie auch die „Gegenstrategien des subversiven Hackings" – als sei „alles eine Frage des richtigen Algorithmus". Auch Alexander Galloways Kritik setzt bei der Binarität und Entscheidungslogik an. Mit Bezug auf Deleuze und Guattari beschreibt Galloway (2014) Digitalität als die älteste Art des Denkens und das älteste Vorurteil, weil es eine Entscheidung zwischen zwei Elementen erfordere, die streng und dauerhaft voneinander getrennt sind. Der Grundsatz der Digitalität besage darum, dass es für alles in der Welt einen angemessenen Prozess der Unterscheidung gibt. Sie kann sowohl zwischen Nullen und Einsen verlaufen, „the binary mathematics driving modern computers" (ebd., S. xxxiii), als auch zwischen zwei Geschlechtern, dem Eigenen und Anderen, zwischen „uns" und „denen". Es kommt auf die Unter- und Entscheidung an.

Die Frage der Unterscheidung und – nicht weniger wichtig – Ähnlichkeiten und Korrelationen, beschäftigt auf andere Weise die *Critical Data Studies,* die sich in den 2010er Jahren als Antwort auf den Hype um *Big Data*-Analysen herausgebildet haben. Neben einer neuen Kluft zwischen den „Big Data rich and the Big Data poor", auf die danach boyd und Kate Crawford (2012, S. 674) aufmerksam gemacht haben, gewinnt dabei eine weitere grundsätzliche Problematik an Bedeutung. Wendy Chuns (2018, S. 131) Einspruch gegen Homophilie als „Axiom der Netzwerkforschung" ist gegen die leitende Annahme von *Big Data*-Analysen gerichtet, dass „Ähnlichkeit Verbindungen herstellt, weil sich Gleich und Gleich gern gesellen" (ebd., S. 139).

Netzwerke unterschiedlicher Ausprägung stehen im Mittelpunkt der aktuellen Auseinandersetzung mit Digitalität und Computerisierung. Dazu gehören z. B. das Internet der Dinge als „komplexes und kapitalintensives Ensemble aus Millionen mit spezieller Software und immer öfter auch mittels selbstdesignter Hardware verschalteten Servern" (Engemann/ Sprenger 2015, S. 41) und auch die Blockchain-Technologie als extrem energieintensive Netzwerkverfahren einer dezentralen und auf Erweiterung ausgerichteten Datenbank, die neue Sicherheit, Autonomie und Kontrolle verspricht (vgl. Catlow et al. 2017). Die größte Aufmerksamkeit bleibt dabei jedoch auf den

Menschen gerichtet. Was die unterschiedlichen Positionen
der Kritik hier verbindet, ist die Sorge um den Einfluss der
Computerisierung auf Subjekte, Gruppen und Gesellschaften.

Formen „digitaler Kontrolle" (Angerer/Bösel 2015, S. 48)
stehen im Fokus einer Kritik des *Affective Computing,* womit
„Affekt- und Psychotechnologien" gemeint sind, die zum
Erfassen, Speichern, Messen, Kategorisieren, Katalogisieren,
Operationalisieren, Simulieren und Induzieren affektiver
Zustände implementiert werden. Medien der Gesellschaft:
Den darauf beruhenden „Modus der Sozialisierung" haben
Felix Maschewski und Anna Verena Nosthoff (2019, S. 58)
am Beispiel von Facebook als ein „spezifisches ‚Regierungs-
programm'" kritisiert.

Dabei beziehen sie sich auf die „kybernetische Hypothese",
die nach dem Kollektiv Tiqqun (2007, S. 13) darin besteht,
„die biologischen, physischen und sozialen Verhaltensweisen
als voll und ganz programmiert und neu programmierbar zu
betrachten". In „Facebooks Verwandlung der Kommunikation in
eine algorithmisch lesbare, das heißt eine entscheidungslogisch
formalisierte Operation" konkretisiere sich, so Maschewski und
Nosthoff (2019, S. 73), die kybernetische Hypothese, indem
Handlungsmuster, Gewohnheiten und registrierbare Interessen
der „Nutzer" erfasst, bedient, „kommunikativ intensiviert und
qua Newsfeed ausgerichtet" werden können. Als konkreten
Fall heben sie (ebd., S. 56) die Affäre um die Datenanalyse-
firma Cambridge Analytica hervor. Dank Facebook-Daten
hatte Cambridge Analytica im Vorfeld der Wahl des 45. US-
Präsidenten 2016 die Trump-Kampagne mit programmatisch-
personalisierter Wahlwerbung unterstützt, die freilich – bei aller
versprochener/befürchteter Effektivität der Digitalizität – nicht
schon selbst die Wahl entscheiden kann.

Während hier Fragen der Programmierung von Gesellschaft durch eine affektive Steuerung und Mitwirkung im Fokus
stehen, geht es bei dem Verhältnis von Vorschrift und Vorurteil
um vorgängige Einflüsse. Wie gesellschaftliche Stereotype in
Programmierungen Einzug halten.

Hier richtet sich die Kritik auf algorithmisch prozessierte
und also ebenso verborgene wie wirksame Klischees, auf ‚ein-

geschriebene, enkodierte Vorurteile' (Bridle 2018, S. 142).
Safiya Umoja Noble (2018, S. 1) spricht von „technological
redlining", um zu zeigen, wie implizite Zuschreibungen in
Bezug auf „capital, race, and gender" die Ergebnisse vermeintlich neutraler Rechenvorgänge und von Suchanfragen im Internet beeinflussen: „On the Internet and in our everyday uses of
technology, discrimination is also embedded in computer code
and, increasingly, in artificial intelligence technologies that we
are reliant on, by choice or not."

Vor diesem Hintergrund adressiert James Bridle insbesondere
das Training der Künstlichen Neuronalen Netze in den Verfahren
des *Machine Learning*. Er konfrontiert maschinelles Lernen als
Technik, Zukunft probabilistisch aus der Vergangenheit abzu-
leiten, mit Walter Benjamins (2010, S. 34) Überlegungen zum
Begriff der Geschichte: „Es ist niemals ein Dokument der
Kultur, ohne zugleich ein solches der Barbarei zu sein." Die
,heranwachsenden Intelligenzen an den Überresten von Vor-
wissen zu trainieren', kritisiert Bridle (2018, S. 144) deshalb als
Einschreibung von Barbarei in die Zukunft.

Das genaue Gegenteil betont Luciana Parisi (2018, S. 99).
Die KI-Lernverfahren dieser Form von algorithmischer Entscheidungsfindung, die als Wahrscheinlichkeitsdenken mit den
Mitteln von Trial-and-Error arbeiten, bedeuteten gerade nicht
„einen Entwurf der Zukunft durch die Vergangenheit", sondern
„eine Entwicklung der Vergangenheit aus der Perspektive der
Zukunft". Die Zukunft kommt für Parisi ins Spiel, weil dieses
maschinelle Lernen nicht nur Muster erkennt und erlernt.
Es erlernt hingegen auch den Modus dieses Lernens; „die
Algorithmen lernen, ihre Pfade durch die Datensuche zu modi-
fizieren" (ebd., S. 100). Daher wird auch das Vergangene, was so
erkannt und zur weiteren Grundlage für Prognosen und künftige
Entscheidungen werden kann, insofern aus einer Perspektive des
Kommenden erfasst, als dabei die „automatische Anpassung von
Ergebnissen an Regeln" (ebd.) wirkt.

Gleichwohl hebt auch dieser Einspruch Parisis – ADM-
Systeme realisieren Gegenwart und Vergangenheit als eine wahr-
scheinliche Zukunft – Bridles Kritik keineswegs auf. Beide
fokussieren vielmehr unterschiedliche Aspekte: Trainingsdaten

einer- und Verarbeitungsmodi andererseits. Die ausgewählten Trainingssets behalten ihre bedingende Funktion ebenso wie die Verpflichtung auf entscheidungslogische Formalisierung, nach der Muster erkannt, noch „die kleinsten Variationen in kontext-spezifischen Inhalten" (ebd., S. 101) erfasst und im Sinne von Wahrscheinlichkeit angewendet werden können. Maschinelles Lernen, das immer mit iterativen Schleifen arbeitet, ist beides: die Ableitung einer wahrscheinlichen Zukunft aus der Vergangenheit wie auch die Verarbeitung von Vergangenheit aus jener Perspektive der Zukunft.

Die Frage bleibt darum, wie Menschen die Kriterien dieser „Perspektive" – das „Wissen" und „Lernen" dieser Form von Computerisierung und also die Prinzipien dieser Eigendynamik – verfolgen und beurteilen können. Darauf, auf diese Herausforderung des menschlichen Denkens, weisen die Differenzen zwischen Bridle und Parisi hin.

Weitere Differenzen hat Gert Lovink (2017, S. 21) mit einer Art kontinentaler Familienaufstellung verschiedener Kritikansätze der „Internet-Theorie in den letzten Jahren" skizziert: Auf die eine Seite stellt Lovink dabei den „amerikanische[n] Ansatz, vertreten durch Nicholas Carr, Andrew Keen und Jaron Lanier", der „an den sozialen Medien vor allem deren Oberflächlichkeit" kritisiere. Die Gruppe „europäische[r] Autoren wie Bernard Stiegler, Ippolita, Mark Fisher, Tiziana Terranova und Franco Berardi", zu denen auch Gert Lovink (ebd.) gehört, bildet das Gegenstück. Deren systematisches Kritik-Projekt bestehe darin, den „breiteren ökonomischen und kulturellen Kontext (der Krise) des digitalen Kapitalismus" zu betonen und sich „von innen" mit den Funktionen des Internets „als einer Technologie, einer Kulturtechnik, einer Industrie und Infrastruktur der politischen Ökonomie" auseinanderzusetzen (ebd., S. 21–23).

Solche Gruppenbildungen, die Übersichtlichkeit anbieten, gehen immer das Risiko der Vereinfachung ein. Was im Falle dieser kontinentalen Konfrontation hinzu kommt, ist die Entwicklung, dass eine systematische Kritik in diesem zweiten, „europäischen" Sinne seit einigen Jahren weltweit zunimmt. Sie richtet sich gegen den „*Capture*-Kapitalismus" (Heilmann 2015) und ‚Plattform-Imperialismus' (Jin 2015), den „platform

capitalism" (Srnicek 2017) und den „Überwachungskapitalis-
mus" (Zuboff 2018). Was hier besonders ins Gewicht fällt,
ist die Verbindung von Prozessen der Erfassung mit denen der
Auswertung und Steuerung. Indem Menschen mit digitaler
Technologie in Form von Geräten (z. B. Smartphones) und
Dienstleistungen (z. B. Suchmaschinen) umgehen und von
ihnen erfasst werden (z. B. durch *Sensing*), treten sie in neue
Wertschöpfungs-, Ausbeutungs- und Kontrollverhältnisse ein.

Die Dienstleistung von Sprachassistenzen wie *Google Home*
und Amazons *Alexa* besteht für Shoschana Zuboff (2018, S. 309)
vor allem darin, permanent menschliches Verhalten auszuwerten
und in den Verwertungszusammenhang von (marktrelevanten)
Vorhersagen zu stellen: „Unser ungebärdiges Leben wird
gefügig gemacht, in Form von Verhaltensdaten erfasst, um es in
einem Neuentwurf als Territorium zum Browsen, Durchsuchen,
Kennen und Modifizieren zur Verfügung zu stellen." Was hier
„Überwachungskapitalismus" genannt wird, der „das Web in
eine von Erfassung und Analyse von Verhaltensüberschuss
befeuerte Marktattacke auf breiter Front verwandelte" (ebd.),
nennt Till A. Heilmann *Capture*-Kapitalismus.

Capture versteht Heilmann (2015, S. 40) als „ein techno-
logisch-ökonomisches Kalkül zur möglichst restlosen Verdatung
menschlicher Handlungen". Dies beinhaltet mehrere Formen der
Daten-Akkumulation. Wie „mit personalisierter Sensortechnik
wie elektronischen Armbändern zunehmend der ‚ganze Mensch'
unter das Regime informatischer Überwachung" gerät, zählt
hier ebenso wie jene „strategische Ausweitung der Verwertungszone", die das alltägliche, menschliche Interagieren mit User-
Interfaces auf den diversen Geräten und Plattformen darstellt
(ebd., S. 44–45).

Dal Yong Jins (2015, S. 67) Begriff des Plattform-Imperialismus bezieht sich auf ein asymmetrisches Verhältnis der wechselseitigen Abhängigkeit zwischen dem Westen, vor allem den
USA, und vielen Entwicklungsländern: „This includes the two
great powers of nationstates and transnational corporations. But
platform imperialism is not only about the forms of technological disparities but also the forms of intellectual property,
symbolic hegemony, and user commodity."

Die Nähe dieser drei Ansätze zu jenen von z. B. Gabrys, Chun, Mbembe, Berns und Rouvroy verstärkt den Eindruck transkontinentaler Verbindungen in Sachen Kritik. Nicht nur die hier beschriebenen Entwicklungen, auch die theoretischen Auseinandersetzungen und Einsprüche operieren grenzüberschreitend. Besonders offensichtlich wurde dies in dem 2018 veröffentlichten Artikel „Media, communication and the struggle for social progress", der von 17 Autor*innen aus Australien, China, Großbritannien, Indonesien, Kanada, Kolumbien, Mexiko, Russland, Südafrika, Südkorea und den USA gemeinsam verfasst worden war:

> It is a myth that rural communities, Indigenous peoples and the Global South are disin- terested in media and the digital world, but our current media infrastructures carry little if any input from these large sections of humanity. What if media infrastructures and digital platforms were designed with communities' diverse languages, needs and resources in mind? (Couldry et al. 2018, S. 80).

Um die Probleme praktisch anzugehen, wird hier ein zehnteiliger Aktionsplan vorgeschlagen. Er reicht von der ‚Einrichtung von Kommunikationsrechten' über ‚zivilgesellschaftliche Beteiligung an der Verwaltung und Politik der Internet- und Medieninfrastrukturen' bis hin zu ‚freiem Zugang zu Software und kostenlosem Wissen als Gemeinschaftsgut der Menschheit' (ebd., S. 83).

1.6   … der Digitalität (Sorgen entfalten)

Es ist unübersehbar, wie die Zumutung der Digitalität auf ihre Kritik durchschlägt. Die Ausbreitung und Diversifizierung der Technologie und Ideologie „des Digitalen" spiegelt sich auch in der Vielfalt der Reaktionen, von der ich hier nur einen Teil angedeutet habe.

Gerade in der deutschsprachigen Medienwissenschaft sind in den letzten Jahren zahlreiche Ansätze verfolgt worden, an konkreten Gegenständen und Prozessen der Digitalität und Computerisierung Positionen der Kritik zu entwickeln. So stellten sich z. B. auf der Jahrestagung der Gesellschaft für Medienwissenschaft 2016 über 170 Vorträge dem Thema „Kritik", ist in Bonn das „Programm einer neo-kritischen

Medienwissenschaft" (Schröter/Heilmann 2016) formuliert
worden und wird in Arbeitsgruppen der Gesellschaft für
Medienwissenschaft u. a. zu Strategien einer Datenkritik (vgl.
Gießmann/Burkhardt 2014) und Interface-Kritik (vgl. Wirth
2016a) geforscht, die in der Zeitschrift *Interface Critique* seit
2018 zum Programm geworden ist.

Die internationalen Entwicklungen in der Kunst, in unterschiedlichen Formen auf dem Feld der Digitalität und in die
‚Debatte um den Aufstieg der Informationsgesellschaft und
der digitalen Technologien' (Franke/Hankey/Tuszynski 2016,
S. 11) zu intervenieren, entzieht sich ebenfalls einer Übersicht. Nicht selten aber überschneiden sich die Arbeiten mit
medienwissenschaftlichen Diskursen sowohl personell als auch
strukturell. Namen wie Hito Steyerl und Trevor Paglen, Zac Blas
und Joana Moll, Olia Lialina und James Bridle, die Kollektive
Molleindustria und Agbogbloshie Makerspace Platform (AMP)
seien hier zusammen mit Harun Farocki, dessen Impulse über
seinen Tod 2014 hinaus wirken, exemplarisch genannt. Sie
stehen für die Richtung einer Kritik, die Medien und Material
der Computerisierung gegen sie (ein-)wenden.

Kritik kann hier darum weder bestimmend noch ver-
pflichtend singulär gemeint sein. *Die* Kritik der Digitalität gibt
es so wenig wie *die* Digitalisierung. Vor dem Hintergrund der
Vielzahl kritischer Ansätze zu Bedingungen, Ausbreitungen,
Einbettungen und Eigendynamiken von Computertechnologie
geht es mir darum um die Frage, was daraus folgen kann: um
konkrete Vorschläge für eine Kritik der Digitalität.

Sie gehen von den Problemen und Hindernissen aus, denen
sich diese Kritik stellen muss. Was an vielfältigen Prozessen
unter dem mythischen Zauberwort „Digitalisierung" läuft, soll
dabei nicht als Einheit vereinnahmt und vereinfacht werden.
Die Entwicklungen von z. B. User-Interfaces unterscheiden sich
von denen des *Machine Learning.* Die sozialen und politischen
Veränderungen durch Plattformen wie Facebook und Twitter
stellen andere Fragen als die Industrie 4.0-Umrüstung auf automatisierte Produktionsprozesse durch die Computervernetzung
von Anlagentechnik und Auftragsverwaltung. Die Vernetzung
von Schulen meint etwas anderes gemeint als die Vernetzung

von Kühlschränken. Zugleich aber muss trotz aller Unterschiede und Verzweigungen eine vielleicht banale Gemeinsamkeit betont werden: All diese Entwicklungen beruhen darauf, dass und wie Computer (weiter)entwickelt werden.

Entwickelt, also geplant, in die Welt gebracht und ausgebaut, werden dabei keineswegs nur Apparate, Programme und Infrastrukturen. Entwickelt werden auch leitende Ideen. Vorstellungen, was Computer und was Menschen im Verhältnis dazu sind; Annahmen zu den Zwecken der Computerisierung; Überzeugungen zur Bedeutung von Berechenbarkeit; Konzepte von Netzwerken; Auffassungen von Automation und Autonomie; Modelle von Intelligenz und Lernen.

Hier setzt auch die Kritik der Kybernetik an, die Claus Pias (2004, S. 16–17) entwickelt hat. Sie rekonstruiert als Ideenarchäologie, wo diese „Gegenwissenschaft", welche „die Humanwissenschaften in Frage stellen" konnte und der „anthropologischen Illusion" zu entkommen versuchte, ihrerseits nur durch die „Freisetzung einer kybernetischen Illusion" erfolgreich wurde. Dieses Kybernetikdenken treibt (eine bestimmte Entwicklung von) Technik an, stellt „konkretes Interface-Design zur Aufgabe" (ebd., S. 26) und prägt die Diskussionen der Zusammenhänge „zwischen Technologie und Sozialem (unter Schlagworten wie ‚electronic government' oder ‚Netzwerkgesellschaft')" (ebd.) maßgeblich.

Die Computerisierung, die ich als materielle und ideologische Entwicklung verstehe, bei der auf die Leistungsfähigkeit und Logik tief verbreiteter, vernetzter und zur Eigendynamik bestimmter Computer gesetzt wird, ist weder ein einheitliches Verfahren noch eine Menge unzusammenhängender Wege des technischen Fortschritts. Diese Technik ist nicht irgendeine.

Die *entschiedene Programmierbarkeit* von Computern unterscheidet diese Maschinen, in welchen Formen auch immer sie auftreten oder eingebunden sind, von allen anderen Maschinen. Sie unterscheidet diese Technik von allen anderen kulturellen, politischen, gesellschaftlichen oder industriellen Techniken, mit denen Computertechnik (und ihre Logik) heute gleichwohl auf das Breiteste und Innigste verbunden ist. Programmierbarkeit, diese so spezielle Form vorgeschriebener Zweckbestimmung, ist damit auch die Grundlage jener Entwicklung einer „umwelt-liche[n] Verfasstheit von Medien und Technologien heute" (Hörl 2018, S. 228) die als „Technoökologie", als „Erschütterung und Neuordnung" der Differenz von Natur und Technik und para-doxerweise als das „absolute Jenseits allen Zwecks" (Hörl 2016, S. 44) diskutiert wird.

Genau darum ist eine Kritik der Digitalität nötig, die sich dieser Problematik bewusst ist und der es darauf ankommt, beides zu tun: nach der Diversität der Formen und Prozesse zu fragen wie auch nach den Gemeinsamkeiten ihrer Bedingungen. Das erfordert ein Konzept, dem möglichst wenig entgeht. Es muss ebenso spezifisch wie offen und erweiterbar sein, um dieser Komplexität und Dynamik begegnen zu können.

Das Projekt einer solchen Kritik bürdet sich damit zwangs-läufig alle Probleme, die Digitalität zur Zumutung machen, selbst auf: Die (über-)fordernde Vielfalt, Präsenz und Ver-borgenheit von Bedingungen, Apparaten und Prozessen. Das Zusammenspiel mythischer und materieller Anteile. Die Differenzen und Verschiebungen im Verständnis und Einsatz des Begriffs Digitalität bis hin zur Gleichsetzung von „digital" und „vernetzt". Daran kann eine Kritik der Digitalität nicht vorbei, sondern muss im Gegenteil genau damit beginnen, um ihr Konzept – ihre Vorgehensweise und zentralen Begriffe – als Antwort auf diese Zusammenhänge zu entwickeln. Bei den Bürden bleiben.

Daraus ergeben sich besondere Anforderungen an den Kritikbegriff, mit dem das gelingen kann – an eine Kritik, die beiden Bedeutungen des Begriffs gerecht zu werden versucht: Kritik als Auseinandersetzung und Analyse, abgeleitet aus dem griechischen κρίνειν (krínein) als „scheiden, beurteilen, entscheiden" (Röttgers 1975, S. 19), und Kritik als „ein aus-gesprochenes urteil selbst" (Grimm/Grimm 1873). Beides gehört zusammen. Der Einspruch, der so oft mit dem alltags-sprachlichen Kritikbegriff verbunden wird, bleibt als Urteil buchstäblich ein Vorurteil, wenn diese zweite Praxis der Kritik ohne die erste auskommen muss.

Wie beides zusammenkommen kann, hat Michel Foucault gegenüber Didier Eribon 1981 so beschrieben:

Kritik heißt nicht, dass man lediglich sagt, die Dinge seien nicht gut so, wie sie sind. Kritik heißt, herauszufinden, auf welchen Erkenntnissen, Gewohnheiten und erworbenen, aber nicht reflektierten Denkweisen die akzeptierte Praxis beruht. [...] Kritik ist der Versuch, dieses Denken aufzustöbern und zu verändern. Sie zeigt, dass die Dinge nicht so selbstverständlich sind, wie man meint, damit sie nicht mehr so selbstverständlich hingenommen werden. Kritik heißt, Dinge, die allzu leicht von der Hand gehen, ein wenig schwerer zu machen. Unter solchen Bedingungen ist Kritik (und radikale Kritik) absolut unerlässlich für Veränderungen. (Foucault/Eribon 2005, S. 221–222).

Die Frage, worauf eine akzeptierte Praxis beruht, führt in Bezug auf Digitalität und Computerisierung zu Bedingungen, die über Erkenntnisse und Denkweisen hinausgehen. Daran erinnert die Zumutung der Digitalität: Nach den Gewohnheiten zu fragen, bedeutet für eine Kritik der Digitalität ebenso, nach den materiellen und programmatischen Bedingungen etablierter Praktiken zu fragen. Zwar sind Infrastrukturen und maschinelle Prozesse immer enger mit menschlichen Aktivitäten, Gewohnheiten und Denkweisen verbunden – vom Programmieren über den habitualisierten Alltags- und Arbeitsgebrauch handelsüblicher Computerformen bis zum Erfasst-Werden durch die Sensoren eigendynamischer Hardware-Software-Konstellationen, die z. B. in „intelligenten" Straßenlaternen auf uns warten oder in einem Smartphone mit uns sind. Aber menschliche Handlungs- und Denkweisen sind nicht mit Computerprozessen identisch.

Sich dieser Komplexität der Praxis und Gewohnheiten anzunähern, führt somit an die Grenzen der eigenen Wahrnehmung. Was kann ich davon wissen und was beobachten? Wenn „digitale Objekte" wie etwa YouTube-Videos die materialisierte Form einer Menge Metadaten sind, durch welche die „Eigenschaften, Funktionsweisen, die Zugriffsrechte dieser Objekte, mit anderen Worten die Beziehungen zwischen dem Back-end-Programm, anderen Objekten und den Nutzer/innen geregelt sind" (Hui 2013, S. 103), was erfahre/verstehe ich noch von der Existenz dieser Objekte? Was weiß ich von digitalen Sprachassistenzen wie *Siri, Alexa* oder *Cortana*? Wie kann ich nachvollziehen, was in den neuronalen Netzen einer solchen Software läuft, die meine Spracheingabe dazu auffasst und verarbeitet, die Erkennung sprachlicher Muster und deren Zuordnungen zu verfeinern?

Computerisierung als eine (nicht von allen) akzeptierte Praxis zu befragen, bedeutet eine Auseinandersetzung mit den vielfältigen Überschneidungen menschlicher Gewohnheiten und computerbasierter Abläufe. Das macht (die Überforderung der) Digitalität aus. Ohne hier das „Wir" der Digitalizität verstärken zu wollen und die unterschiedlichen Bedingungen und Verhältnisse einzuebnen, unter denen Menschen wo auch immer mit den Grundlagen, Prozessen und Konsequenzen der Computerisierung zu tun haben: Der Komplex der Digitalität geht uns an, weil wir dazugehören.

Ich nehme auf vielen Ebenen teil. Ich kaufe oder miete Computer und benutze sie aktiv. Ich werde von sensorisch verstärkten Computern erfasst. Ich habe Zugang zum Diskurs der Digitalität – mir wurde beigebracht, was Computer sind, und ich arbeite mit an dieser Wissensordnung. Ich erfahre etwas von den mannigfachen gesellschaftlichen, kulturellen, politischen, ökonomischen und ökologischen Auswirkungen der Computerisierung und trage selbst dazu bei. Für die Recherche zum Energieverbrauch der Internetnutzung nutze ich Internetseiten von Forschungseinrichtungen. Aufrichtige Anteilnahme.

Vor diesem Hintergrund von Beteiligung wird somit eine Kritik wichtig, die, wie es Marina Garcés (2008) formuliert, „nicht länger als Reife eines urteilsfähigen Subjekts" zu fassen ist, sondern.

> weit wichtiger, als Mut zu einem Dasein, welches das Wagnis eingeht, betroffen zu sein und sich selbst auszusetzen. Demnach bedeutet Kritik nicht länger die Eroberung der Freiheit im Sinne der Bewegung eines Subjekts, das sich der Welt und den anderen gegenüber unabhängig macht, sondern vielmehr die Eroberung der Freiheit in unserer Verflechtung.

Was sich daraus für eine Kritik ergibt, ist in den letzten Jahren mehrfach mit dem Anspruch von Beteiligung verbunden worden. Zu ihm gehört die auch bei Foucault als Verhältnis von Kritik und „Selbst-Bildung" (Butler 2006) betonte Form von Selbst-Beteiligung: die Notwendigkeit, die eigenen „Denkweisen" (Foucault/Eribon 2005, S. 222) in der Entwicklung von Kritik eines Objektfeldes insofern nicht zu verschonen, als sie Teil der „Konstitutionsbedingungen des Objektfeldes" (Butler 2006) sind. Ähnlich hat Sybille Krämer (2019, S. 37) Kritik als die Bereitschaft beschrieben, „die Maßstäbe der Beurteilung von Phänomenen und Äußerungen (auch) auf das eigene Denken/Tun anzuwenden".

Das Ziel einer so verstandenen „Entautomatisierung" (Doll 2014, S. 246) von Kritik wird auch Bruno Latour zugeschrieben – als „eine kritischere Betrachtung unserer selbst im kritischen Diskurs" und „als ein Sich-Involvieren in Fakten als […] *Dinge, die uns angehen*" (Thiele 2015, S. 146, Herv.i.O.). Diese Selbst-Beteiligung ist (nicht nur) bei Latour (2007, S. 55) allerdings mit einer zusätzlichen, zweiten Form von Beteiligung verbunden. Mit der zu versammelnder Anderer: So wie für diese Praxis von Kritik ihr Objekt „zerbrechlich ist und der Pflege und der Vorsicht bedarf", ist Kritik hier etwas, das die Diskussion nicht beendet, sondern öffnet und allen, die daran teilnehmen wollen, „Arenen bietet, wo sie sich versammeln können".

Mit einer ähnlichen Metapher hat Antoinette Rouvroy (2013, S. 160) für eine Kritik der „algorithmic governmentality" vorgeschlagen, die effektive ‚Fluidität unserer techno-kapitalistischen Realität zu unterbrechen', um ‚Zwischen-räume' zu erzeugen. In diesen Zwischenräumen, so Rouvroy (ebd., S. 162), könnte insofern etwas ‚Gemeinsames geschehen', als sich ‚individuelle und kollektive Subjekte' sammeln, um gemeinsam ‚neue Konfigurationen zwischen menschlichen Existenzen, dem Gesetz und den Technologien zu finden'.

Die Kritik, die es hier zu entwickeln gilt, strebt darum nicht an, einen Kern zu enthüllen. Sie folgt nicht dem klassischen Ver-sprechen einer Aufklärung, die sich durch das distanziert-urteils-fähige Subjekt der Kritik vollzieht, welches das Zentrum oder Wesen seines Objekts der Kritik freilegt. Über die Komplexität und Zumutung der Digitalität hinaus, die dem auf ihre Art ent-gegenstehen, scheint mir ein solches Verständnis von Kritik auch dem produktiven Ansatz der Medienwissenschaft zu widersprechen: dem Ansatz eines Fachs, dem es auf das Mediale als das Vermittelnde ankommt, sodass nicht ein Kern, sondern ein Dazwischen und damit Prozesse des Vermittelns ins Zentrum der Aufmerksamkeit rücken. Medienwissenschaftliche Kritik muss sich jedem Sinne um Verfahren des Vermittelns kümmern.

Für eine Kritik der Digitalität, die auf jene zwei Formen von Beteiligung achtet, wird es daher desto wichtiger, Prozesse der Verbindungen und Wechselwirkungen anzugehen. Der Komplex und die Zumutungen der Digitalität fordern Fragen heraus, die sowohl meine vielfältige Beteiligung daran berücksichtigen als auch meine Grenzen des Wahrnehmens und Verstehens. Beteiligt bin ich so oder so.

Kritik der Digitalität ist somit eine doppelt beteiligte Entfaltung ihrer Sorge. Sie bringt Digitalität zur Entfaltung, indem sie ihr Raum gibt, ihre Probleme erbt und somit auch nicht verhindern kann, dabei die Geste der Dringlichkeit zu stärken. Digital first, Bedenken second. Zugleich geht es umgekehrt darum, Kritik und damit den Komplex der Digitalität so zu entfalten, dass ihre Verdichtungen, Verschleierungen und Verflechtungen einen anderen Blick darauf gestatten.

Für diese Entfaltung, die damit auch eine Kritik der aktuellen Computerisierung ist, besitzen die Begriffe *Interface* und *Leiten* einen besonderen konzeptionellen Vorteil, den ich im folgenden Kapitel entwickeln möchte: Zusammengedacht setzen sie der drängenden Komplexität dieser Gegenwart eine eigene Vielschichtigkeit und Dringlichkeit des Fragens entgegen.

Interface und Leiten

2

Inhaltsverzeichnis

2.1 Interfaces (Ebenen des Verbindens)

Was Interfaces sind, zeigt sich daran, was sie leisten. Interfaces stiften Verbindungen. Sie bilden und erlauben Übergänge und Vermittlungen. Unweigerlich stehen sie dabei auch für die Trennung jener Bereiche, zwischen denen sie Übergange einräumen.

Das klingt vertraut. Der Begriff Interface hat Ähnlichkeit mit dem des Mediums, das die Medienwissenschaft als das versteht, was vermittelt. Medial ist, was dazwischen ist. Im Akt des Vermittelns erweist sich als Medium, was in diesem Prozess aufgehen und sich der Wahrnehmung als Medium zwar entziehen kann, in jedem Fall aber nie neutrale Instanz des Vermittelns ist, sondern stets selbst Verfahren und Ergebnisse des Vermittelns prägt.

© Springer Fachmedien Wiesbaden GmbH, ein Teil von Springer Nature 2021
J. Distelmeyer, *Kritik der Digitalität*,
Medienwissenschaft: Einführungen kompakt,
https://doi.org/10.1007/978-3-658-31367-8_2

Interface und Medium als „das Dazwischen, das Interface, das Intermediale, letztlich die Mediatisierung" (Hartmann 2014, S. 161) annähernd gleichzusetzen, hat jedoch einen Preis. Was durch Ansätze zum Interface als Werkzeug und Zugang zur Welt, ‚als sensomotorische Erweiterung unseres Körpers und Geistes' (Jeong 2013, S. 220), potenziell einkassiert wird, ist die auf Computer bezogene Spezifik dieses Begriffs. Diese aber ist für seinen heuristischen Wert – gerade im Hinblick auf eine Kritik der Digitalität – wesentlich.

Interfaces stiften Verbindungen, dank denen Computer funktionieren, mit anderen Computern vernetzt sind und Beziehungen zu Menschen, anderen Maschinen und weiteren Teilen der Welt jenseits des Computers aufbauen. Interfaces leisten Vermittlungsprozesse für und als Computerarbeit.

Diese Verbindungen können sowohl die Form von Software als auch von Hardware annehmen. Nur geht ohne die Schritte, mit denen auch Software erst durch Hardware planmäßig in die Welt kommt, gar nichts. Darauf gründen alle Interface-Konstellationen, die von Florian Cramer und Matthew Fuller (2008, S. 149) als Interfaces zwischen ‚Software und Software', ‚Software und Hardware', ‚Hardware und Hardware', ‚Hardware und User' sowie ‚Software und User' zusammengefasst worden sind.

Software-Software-Interfaces vermitteln zwischen Programmen. Sie regeln den Austausch von Daten zwischen unterschied-lichen Anwendungen, womit Cramer und Fuller insbesondere auf Programmierschnittstellen hinweisen: *Application Programming Interfaces* (API) definieren als Teil der Software, wie Daten zwischen einzelnen Programm-Modulen transferiert werden. Auch die Protokoll-Familie TCP/IP (Transmission Control Protocol/Internet Protocol), nach deren Regeln sich Computer im Inter-net verbinden und austauschen, gehört zu dieser Ebene von Software-Software-Interfaces, die Beziehungen zwischen Daten-verarbeitungen bestimmen.

Software-Hardware-Interfaces bestimmen das Funktionieren von Geräten, leiten als Software das Wirken von Hardware an. Wie ein programmatischer Geist in der Maschine lassen sie Apparate nach ihren Gesetzen arbeiten und regeln z. B. als

„Treiber" das Funktionieren von angeschlossenen Druckern und Scannern.

Hardware-Hardware-Interfaces hingegen stellen Beziehungen zwischen den Geräten her – indem z. B. eine USB-Schnittstelle erlaubt, Computer und Drucker mit einem Datenkabel zu verbinden, durch welches dann die Signale der Software als elektromagnetische Wellen, „codes […] as sequences of signals" (Kittler 2008, S. 40), geleitet werden.

Weitere Interface-Ebenen zwischen Hardware, Software und „User" braucht es, damit ich mit Computern etwas anfangen und Zwecke verfolgen kann. Dazu erzeugt Software und präsentiert Hardware *Interface-Inszenierungen,* die mich akustisch und/oder visuell adressieren, damit ich in dem gegebenen Rahmen Eingaben machen kann; nach und in dem Modell einer bestimmten Form von Interaktion, das sich mir zeichenhaft präsentiert.

Mit ihren akustischen Zeichenfolgen bieten Sprachassistenzen Dialoge an. *Graphical User Interfaces* – die Zeichen der WIMP-Welt (Windows, Icons, Menus, Pointer) in der klassischen *Human-Computer Interaction* – erscheinen als Interface-Inszenierungen auf Monitoren, um Zugang und Umgang z. B. in Form der traditionellen Desktop-Umgebung einzuräumen, anzuleiten und zu regeln. Was wie zu tun ist: Als programmatische Erscheinungsformen, die ich mit Harun Farocki als „operative Bilder" verstehe (vgl. Distelmeyer 2017, S. 92–98), laden die Ordner und Dateien des Desktop oder die App-Icons auf dem Homescreen eines Smartphones dazu ein, mit ihnen umzugehen.

Indem ich mit ihnen (sprechend, drückend, wischend, klickend, gestikulierend) umgehe, gehe ich mit dem jeweiligen Computer um. Interface-Inszenierungen sind Aufführungen, die mich zum Mitspielen einplanen und einladen. Ihre Prozessualität schließt Prozesse des Computers ebenso ein wie die Prozesse des menschlichen Handelns in und mit ihnen. Das geht, weil mir mit Maus, Tastatur, Touchscreen, Mikrofon oder Kamera auf mich eingestellte Interfaces als Hardware zur Verfügung stehen. So kann mein Zugang als Umgang mit der Apparatur ins Werk gesetzt werden und ich Eingaben machen.

Auf dieser Ebene ist es völlig egal, welchen Status mein Handeln haben soll. Ob ich den nobilitierten Expertenrang der Programmiererin bekleiden darf oder auf die der Ahnungslosigkeit verdächtigen Position „User" degradiert bin; immer benutze und bediene ich angelegte Interfaces. So wie die Unterscheidung zwischen einem Graphical User Interface und einer Programmiersprache ‚rein willkürlich' (Cramer/Fuller 2008, S. 150) ist, ist der Unterschied zwischen „Programmierer_innen [und] User_innen [...] ein Softwareeffekt" (Chun 2017, S. 296).

Cramer und Fuller (2008, S. 149) haben ihre fünfteilige Aufzählung im Rahmen der *Software Studies* mit dem Hinweis auf eine einfältige Tradition verbunden, die bis heute nicht ganz überwunden ist. In medienwissenschaftlichen Texten wird diese fünfte Form der „user interfaces" oft mit dem vielfältigen Interface-Komplex verwechselt und der Interface-Begriff auf Mensch-Maschine-Beziehungen reduziert.

Angesichts der steigenden Präsenz von *Sensing*-Verfahren – der zunehmenden Verbreitung sensorbasierter Computerformen, die durch zahlreiche Hardware-Interfaces wie Mikrofone, Kameras und Bewegungssensoren die Welt (v)ermitteln – wird indes eine weitere Anmerkung nötig. Was bei Cramer und Fuller noch unter „hardware that connects users to hardware" (ebd.) rangiert, ist heute auf all das ausgedehnt, was keinen bewussten Gebrauch dieser Technik mehr machen muss. Interfaces zwischen ‚Hardware und User' sind längst Interfaces zwischen Hardware und (v)ermittelbarer Welt.

Ob meine Bewegungen von den Sensoren meines Smartphones aufgefasst werden, die der Bienen im *Hiveopolis* oder die von Menschen/Tieren/Objekten mittels der Sensoren selbstfahrender Autos: Input ist nicht mehr auf „User" angewiesen. Das ist keine Frage des Gebrauchs, sondern der Einstellung (der Geräte). Seitenwechsel: Was für diese sensorischen Computerformen wann und wie eine Eingabe wird, entscheiden die dafür angelegten, erfassungsbereiten Hardware-Software-Verhältnisse.

Die nötigen Differenzierungen des Oberbegriffs Interface fächern somit fünf Formen von Interfaces als fünf unterschiedliche Ebenen von Verbindungsprozessen auf. Sie wirken in den diversen Relationen von Hardware und Software, damit

Computer laufen und sich vernetzen können, wie auch in den unterschiedlichen Beziehungen, die laufende Computer zum Rest der Welt eingehen können – zu all dem also, was kein Computer ist.

Ihnen gemeinsam ist, dass diese Interface-Ebenen miteinander wechselseitig verbunden sind und in ihrer Kombination eine besondere Komplexität ausbilden. Sie ist vertraut problematisch. Diese Komplexität prägt die erste Bürde; jene (über-)fordernde Vielfalt, Präsenz und Verborgenheit von Bedingungen, Apparaten und Prozessen, die Digitalität noch vor den mythologischen und terminologischen Problemen zu einer Zumutung machen. Computer funktionieren durch Interfaces. Genauer: Wo Computer wirken, miteinander verbunden sind und Verbindungen zu einem Außen ermöglichen, wirken Interfaces.

Das ist von Vorteil für Kritik. Weil dieser Teil der Komplexität von Digitalität und Computerisierung dank der Interface-Prozesse läuft, die durch die fünf Verbindungs-Ebenen zwischen Hardware, Software und Nicht-Computer-Welt realisiert werden, ist damit eine erste Differenzierung möglich. Sich der Komplexität der Interface-Prozesse zu stellen, ist eine Möglichkeit, sich zur Komplexität von Digitalität und Computerisierung zu verhalten.

Was für den allgemeinen Begriff der Komplexität gilt – „die Einheit einer Vielfalt von Elementen" anzusprechen, die „aufeinander verweisen, aber nicht aufeinander reduziert werden können" (Baecker 2018b, S. 2) –, gilt konkret für den Interface-Begriff. Er bezeichnet die Einheit einer Vielfalt und fordert damit Aufmerksamkeit für die wirkenden Prozesse ihrer zu unterscheidenden Ebenen.

Eine weitere, nicht weniger wichtige Gemeinsamkeit der zusammenwirkenden Ebenen des Interface-Komplexes besteht in ihrer technisch-materiellen Grundlage. Sie teilen eine unverzichtbare Basis: das Fließen von Elektrizität, das Leiten von Signalen. Daraus folgt eine erste, technisch-materielle Begründung, *Interface* und *Leiten* zusammenzudenken.

Das Funktionieren von elektronischen Digitalcomputern in allen Formen ist grundsätzlich darauf angewiesen und jede der fünf Interface-Ebenen für sich genommen davon abhängig:

Strom fließt, elektromagnetische Wellen breiten sich kontrolliert aus, Signale/Impulse werden (durch Drähte, Kabel oder auch drahtlos) geleitet.

So steuern und leiten Software-Hardware-Interfaces die Geräte unter der Software-Kontrolle. Zwischen Software und Software – „[v]or dem Protokoll, das die Entscheidungen anleitet, sind alle gleich" (Sprenger 2015, S. 23) – wird auf diese Weise vermittelt. Hardware-Hardware-Interfaces legen Verbindungen für diese Signale/Impulse an. Wenn etwas über die Hardware-Welt-Interfaces zu Input werden soll, muss es für den Computer zu leitbaren Impulsen und Signalen werden. Und damit ich als „User" auf den Bildschirmen oder über die Lautsprecher jene für mich und meine Reaktion angelegten Software-Erscheinungen auffassen kann, müssen sie sich durch Software- und Hardware-Interfaces realisieren.

Auch intern, auf der untersten Ebene des Computing, laufen Prozesse des Leitens. Schalten und leiten: Die Prozessoren aller elektronischen Digitalcomputer bestehen „aus einer großen Menge von Schaltern", deren Besonderheit darin liegt, „dass sie Strom nicht nur schalten, sondern *durch Strom auch geschaltet werden*" (Winkler 2015, S. 257, Herv.i.O.). Dieses Leiten elektrischer Impulse als Signale erlaubt das Wirken von Programmen. Sie stellen „die Schalter des Prozessors auf das zu lösende Problem" ein und machen auf diese je momentane Weise „*aus der ‚universalen' eine spezielle Maschine*" (ebd., S. 259, Herv.i.O.). Folgerichtig hat Hartmut Winkler (ebd., S. 294) diese leitenden Prozesse als die „innere Telegrafie" bezeichnet, die im „Inneren des Computers regiert".

Die Programmierbarkeit jener Computer, die heute so diverse, eigendynamische Formen annehmen und so weit verbreitet wie auch tief eingebettet sind, ist also in diesem Sinne die Automatisierbarkeit des Schaltens und Leitens elektrischer Impulse. Was Computer tun, entscheidet sich dadurch, wie Strom geleitet wird.

Genau damit begann die Geschichte des Begriffs Interface. Ende der 1860er Jahre führten die Physiker James und William Thomson (der spätere Lord Kelvin) den Ausdruck *Interface* ein, um damit Bedingungen von Fluidität zu beschreiben. Es ging um

Oberflächenzustände, Leitfähigkeiten und Fließvermögen zur Erklärung des Leitens von Energie – „interfaces between media of different conductivity" (Smith/Wise 1989, S. 212).

Für William Thomson (1874, S. 442), der den Begriff „interface as we may call it with Prof. James Thomson" von seinem älteren Bruder übernahm und 1874 erstmals in einem Aufsatz veröffentlichte, war das Interface trennend und verbindend zugleich (vgl. Hookway 2014, S. 85). Als das, was leitend dazwischen ist, wirkt es prozessual: „turning molecules back or allowing them to pass through from either side" (Thomson 1874, S. 442). Ein wichtiger Fluchtpunkt dieser Erforschung von Verbindungen zur Transmission von Energie war die Entwicklung der Telegrafie, die William Thomson auch als einer der Direktoren der Atlantic Telegraph Company vorantrieb. „It wasn't until the 1880s that he used the word to refer to telegraph technology, yet his initial interest in the concept cannot be understood as independent from telegraphy" (Schaefer 2011, S. 165).

Am Beginn der Begriffsgeschichte des Interface stehen Fragen und Wünsche des Leitens. Die fünf Ebenen des Interface-Komplexes, allesamt auf das Leit- und Fließvermögen elektrischer Spannungszustände angewiesen und ausgerichtet, sind davon nicht zu trennen. Diese (letztlich fünffaltige) Ausdifferenzierung des Interface-Begriffs im Diskurs zur Computertechnik setzte allerdings erst ein Jahrzehnt nach der Einführung des Digitalcomputers ENIAC 1946 ein und damit etwa 90 Jahre nach der ersten Verwendung durch James und William Thomson.

„In der Computertechnik", hat Hans Dieter Hellige (2008, S. 13, Herv.i.O.) betont, „taucht *interface* zuerst im Laufe der 50er Jahre auf". Die „anfängliche physikalische Akzentsetzung" prägte „den kurz vor 1960 entstandenen Begriff ‚man–machine interface'" (ebd.), der 1958 auch in Luftabwehr-Experimenten der United States Air Force – „to explore the problems and prospects for the ‚man–machine interface'" (Mirowski 2002, S. 350) – Eingang gefunden hatte.

Während hier Verhältnisse zwischen Menschen und Maschinen im Zentrum standen, überwog im Lauf der 1960er Jahre „die system- und kommunikationstechnische Perspektive"

(Hellige 2008, S. 13). Nun wurde das „man-computer interface" als „Grenz- bzw. Übergabestelle zwischen System und
Umgebung oder zwischen Systemkomponenten" gedacht und
„damit auch seine Bedeutung" relativiert, indem es „nur noch
eines unter vielen ‚internal and external interfaces'" (ebd.)
bildete, das dann z. B. als „appropriate input-output interface"
(Smith et al. 1963, S. 344) präzisiert wurde.

2.2   Leiten (gehen machen)

Die enge Verbindung zwischen den Begriffen *Interface* und
Leiten ist somit sowohl begriffshistorisch als auch technisch-
materiell begründet. Dass Computer prozessieren, indem sie
elektrische Signale leiten, führt zur frühen Begriffsgeschichte
des Interface, die weit vor der Einführung elektronischer Digitalcomputer damit begann, Leitfähigkeiten zu beschreiben. Davon
ausgehend entwickeln beide Begriffe in ihrer Kopplung einen
besonderen heuristischen Wert. Er besteht darin, nicht nur
historische und technische, sondern zugleich machtanalytische
Fragen aufzuwerfen.

Interface und Leiten zusammenzudenken, zeigt einen Weg
auf, die diversen Prozesse der historischen und aktuellen Gegenwart von Computertechnologien zu erschließen. Zuallererst legt
der Begriff des Leitens nahe, die Materialität und Prozessualität
der unterschiedlichen Interface-Ebenen der Computer(isierung)
zu bedenken: die Infrastrukturen sowie Abläufe und damit auch
den Energiefluss und -verbrauch. Leiten kann sowohl an die
Leitungen erinnern als auch daran, was durch sie wozu geleitet
wird. Dabei provozieren die zwei unterschiedlichen Bedeutungsebenen dieses Begriffs weitere Fragen, die für eine Kritik der
Digitalität und die laufenden Verfahren der Computerisierung
von entscheidender Bedeutung sind.

Das Verb *leiten* bezeichnet einerseits physikalische Verfahren.
Leiten als Lenken und Kanalisieren (vgl. Schmidt 2015) von
Kräften wie Wasser und elektrischer Spannung. In diesem Sinne
wird seit Benjamin Franklins frühen Elektrizitätsforschungen
um 1750 das englische Verb *to conduct* mit *leiten* übersetzt (vgl.

Wilcke 1756). Aus der Urkundensprache des 13. Jahrhunderts ist das Verb „in der Bedeutung ‚(einen Wasserlauf) leiten, lenken‘" (Ring 2009, S. 106) überliefert. Im technisch-physikalischen Sinne ist Leiten ein kanalisierendes Lenken, das auch im Fluss Kontrolle verspricht.

Die zweite Bedeutungsebene betrifft das Lenken anderer Kräfte und Bewegungen. Auch Lebewesen werden geleitet. Im Bild des Hirten kommt das Leiten von Tieren und Menschen zusammen. Das damit adressierte religiöse Leiten steht stellvertretend für weitere politische, ideologische und pädagogische Zusammenhänge. Hier wird das kanalisierende Lenken zum sozialen Leiten – zum *Führen*. Für Michel Foucault (1987, S. 255) ist der Begriff des Führens dazu prädestiniert, „das Spezifische an den Machtverhältnissen zu erfassen":

> „Führung" ist zugleich die Tätigkeit des „Anführens" anderer (vermöge mehr oder weniger strikter Zwangsmechanismen) und die Weise des Sich-Verhaltens in einem mehr oder weniger offenen Feld von Möglichkeiten. Machtausübung besteht im „Führen der Führungen" und in der Schaffung der Wahrscheinlichkeit.

Mit diesem Feld des Führens ist der zweite Wortsinn des Leitens als Lenken von Menschen umrissen. Ähnlich der technisch-physikalischen Wortbedeutung (die anspricht, wie es läuft, damit es läuft) ist auch die soziale Bedeutungsebene des Leitens darauf ausgerichtet, wie gelenkt werden kann, was läuft. So bezieht sich das Leiten – entsprechend der Verwendung von „Gouvernement" im 16. Jahrhundert – „nicht nur auf politische Strukturen und auf die Verwaltung der Staaten", sondern bezeichnet zudem „die Weise, in der die Führung von Individuen oder Gruppen gelenkt" wird (ebd.).

Beide Bedeutungsebenen im Sinn zu behalten, ist für eine Kritik der Digitalität deshalb so hilfreich, weil jede Form des Leitens als ein Führen, das mittels Computern ermöglicht wird, nur dank des physikalischen Leitens elektrischer Spannung möglich ist. Zugleich ist jeder menschliche Umgang mit Computern, bei dem Eingaben gemacht und also Signale geleitet werden, Teil eines Machtspiels, das ich als eine Bewegung zwischen

Verfügen und Sichfügen noch genauer beschreiben werde. Die für Computer so wesentliche Verzahnung von Fließen (lassen) und Führen, von vermittelten Signalen und bestimmenden Regeln, deren Führungsqualitäten längst schon weit mehr als nur menschliches Leben betreffen, kommt in der Doppelbedeutung des Leitens auf den Begriff.

Die Sprachwissenschaft des 19. Jahrhunderts hat das Verb *leiten* auf „leittan" und „leitan" zurückgeführt und „in seiner ursprünglichen bedeutung" bzw. im „eigentlichen sinne" als „gehen machen" erklärt (Grimm/Grimm 1885). Leiten bedeutet diesem Verständnis nach „gehen machen, in Bewegung setzen, führen, Geleit, begleiten für be-ge-leiten" (Nikl 1867, S. 32). Ein Akt des Bestimmens: „Als Activum oder vielmehr Factitivum, gehen machen, d. i. die Richtung der Bewegung eines Gehenden, und in weiterer Bedeutung die Richtung einer Bewegung, und zwar die ganze Bewegung hindurch, bestimmen." (Adelung 1808, S. 20223).

Leiten umfasst dabei gleichermaßen „in bezug auf flüssigkeiten, kräfte u. ähnl., denen die phantasie eine selbständige bewegung zuschreibt, solchen einen bestimmten weg mit bestimmtem ziel anweisen", wie auch als soziale Technik zu „führen" und zu „bestimmen" (Grimm/Grimm 1885). Um Macht geht es dabei im einen wie im anderen Sinne: um *gehen machen,* verstanden als Lenken und Führen durch angewiesene und kontrollierte Bewegung.

Der religiöse Ratgeber *Die Kunst des Leitens* rückt diesen (Macht-)Aspekt in den Mittelpunkt. Während leiten „so viel bedeutet wie ‚gehen machen'", leite sich „das Wort ‚führen' von einer althochdeutschen Wurzel ab, die ‚fahren machen' bedeutet", weshalb beide Wörter demnach auf eine Bewegung hinweisen, „die der Leiter oder Führer bewirken soll" (Aigner 2011, S. 8). „Leiten bedeutet also […], Menschen in Bewegung setzen'." (ebd., S. 9) Die Prozesse, auf die es dieser Logik nach letztlich ankommen soll, sind also gar nicht die des Leitens. Es sind vielmehr jene, die durch das Leiten erst ermöglicht und ver-ursacht werden sollen. *Gehen machen* zielt mit Gewissheit auf die Zukunft. Leiten ist ein „Handeln auf Handlungen" (Foucault 1987, S. 255).

Die soziale Bedeutungsebene des Leitens – im Sinne von „führerschaft" als „das bestimmen einer richtung und eines zieles für einen weg" (Grimm/Grimm 1885) – lässt sich also mit anderen Worten als ideologisches Leiten bezeichnen. Es dient der Erreichung bestimmter Ziele und Zwecke, denen Werte zugeordnet sind. Ideologisches Leiten ist darum besonders offensichtlich eine Machtausübung mit Führungsanspruch.

Inwiefern dies aber auch für den physikalischen Wortsinn zutrifft, wird in Herrmann Schefflers *Die Naturgesetze und ihr Zusammenhang mit den abstrakten Wissenschaften* aus der zweiten Hälfte des 19. Jahrhunderts deutlich. Hier wird das Leiten von Elektrizität als eine besondere Kontrolle von Kraft beschrieben. Um das Leiten vom Strahlen zu unterscheiden, erklärt Scheffler (1877, S. 386) die „Leitungsfähigkeit eines Körpers" als „die Fähigkeit zur Bildung stehender Wellen und demzufolge als die Fähigkeit zur Festhaltung seiner lebendigen Kraft unter Ausbreitung derselben".

Stehende Wellen: So soll ein Widerspruch wahr werden, der auch für das ideologische Leiten gilt. Die Kraft wird gleichzeitig weitergegeben *und* gesichert. Die Macht des Leitens besteht darin, die Ausbreitung einer Kraft zu veranlassen, deren Erhalt dabei zugleich kontrolliert werden kann. *Gehen machen* ist beides zugleich: in Bewegung setzen und festhalten.

Unterschiedliche Modi der Kontrolle und der Erfolgs-sicherung werden dabei wirksam. Zu denken an die Techniken des Selbst, an die Beichte oder die Selbstprüfung und -führung durch die Internalisierung leitender Wertvorstellungen, Regeln und Gesetze. Andere Techniken hingegen kommen zum Einsatz, um den Erfolg des physikalischen Leitens sicherzustellen. Hier kann mit dem gleichen Material geleitet und gemessen werden.

Kabel, die „verkreuzt, vernetzt und vielfach verzweigt" über-all da liegen, „wohin Elektrizität, ob als Energie oder als Signal geleitet werden soll" (Gethmann/Sprenger 2014, S. 7), sind dafür das beste Beispiel. „Denn Kabel dienen in einer wissen-schaftshistorisch entscheidenden Dopplung nicht allein der Übertragung, sondern immer auch zur Messung des Vorgangs der Übertragung." (ebd., S. 29–30). Weil um 1820 entdeckt wurde, dass eine Kompassnadel auf den Strom in einem Kabel reagiert, konnte fortan eine „Magnetnadel als Anzeigegerät für den Strom" (Bexte 2002, S. 30) eingesetzt werden. Indem so Elektrizität mit Magnetismus zusammenkam, machte das Galvanometer „innere Zustände von Kabeln sichtbar und damit ‚als ein System von Informationen bestellbar'" (ebd., S. 31).

Für eine Kritik der Digitalität folgt daraus ein neuer Ansatzpunkt, die Vielschichtigkeit der Herausforderung anzugehen. Die enge Verbindung zwischen den Begriffen Interface und Leiten fordert Beachtung für miteinander verbundene Prozesse. Sie ruft die unterschiedlichen, teils nicht zugänglichen Ebenen und Materialitäten des Interface-Komplexes in den Sinn. Sie fragt nach den Wegen und Verfahren des Leitens und ebenso danach, was oder wer hier geleitet wird. Und indem diese Frage sowohl auf Software- und Hardware-Verbindungen zielt als auch auf Menschen in ihrer Begegnung damit, folgt daraus der Vorteil einer besonderen, machtanalytischen Aufmerksamkeit.

Denn die Begriffskopplung von Interface und Leiten wirft Fragen der Macht auch dort auf, wo sie sich sonst nicht zwingend stellen. Macht ist allerdings nicht mit Herrschaft zu verwechseln. Stattdessen bezeichnet der Machtbegriff hier ein „mehr oder weniger koordiniertes Bündel von Beziehungen" (Foucault 1978, S. 126), das Einfluss sichern und Führung bestätigen soll. Auch dabei kommt es – wie beim Interface – auf Prozesse und Bedingungen an. Machtausübung ist ein „Ensemble von Handlungen in Hinsicht auf mögliche Handlungen" und „operiert auf dem Möglichkeitsfeld, in das sich das Verhalten der handelnden Subjekte eingeschrieben hat" (Foucault 1987, S. 255). Sie ist eine „Weise des Einwirkens auf ein oder mehrere handelnde Subjekte, und dies, sofern sie handeln oder zum Handeln fähig sind: Ein Handeln auf Handlungen." (ebd.)

Weil das Leiten eine Technik der Macht in diesem Sinne ist, drängen sich Machtfragen auch dann auf, wenn es vermeintlich nur um Technik geht, um Werkzeug oder um *Usability* als „Gebrauchstauglichkeit" (Robben/Schelhowe 2012, S. 12). Derart permanent auf Machtverhältnisse zu achten, ist eine sehr angemessene Verpflichtung für die Auseinandersetzung mit Computern. Um die strategischen Konsequenzen für eine Kritik der Digitalität zu ermessen, die sich aus der Annäherung an den Interface-Komplex durch Fragen des Leitens ergeben, ist es darum notwendig, die Zusammenhänge zwischen Digitalität und Macht zumindest kurz zu umreißen.

2.3   Macht (Verfügen und Sichfügen)

Computer sind auf vielfältige Weise mit Machtansprüchen verbunden. Die Hoffnungen auf die Erhebung und Auswertungen riesiger Datenmengen, die Entlastung und Kontrolle von (menschlichen) Arbeitsprozessen durch die vielfältigen Formen computergestützter Automatisierung und Vernetzung, für die das Schlagwort Industrie 4.0 steht, gehören zu aktuell besonders populären Beispielen. Auch die bereits beschriebenen, kritisierten Entwicklungen der algorithmischen Gouvernementalität und des *Capture*-Kapitalismus, der kybernetischen Kontrolltechnologien als Regierungsmaschine, der Homophilie von *Big Data* und der zukünftigen Verfestigung von Vergangenheit durch die Trainingsverfahren des *Machine Learning* bezeugen Machtansprüche.

Gleiches gilt für den Druck der Dringlichkeit, mit dem Digitalisierung als alternativlos und dann wahlweise der Computer oder das Internet als „Leitmedium" (Müller/ Ligensa 2009, S. 11) gehandelt werden. Doch auch diese Dringlichkeit ist nur eine weitere, (immer wieder) aktuelle Konsequenz grundsätzlicher Machtansprüche und -ausübungen, die Computertechnologie auszeichnen. Deren entschiedene Programmierbarkeit erlaubt, die unterschiedlichsten Anwendungen von der gleichen Sorte Maschinen bewältigen zu lassen, und bekräftigt genau damit – mit der Zweckvielfalt der *General Purpose Machine* – ihre Vormachtstellung gegenüber anderen Formen des Technischen.

Dabei ist schon der vermeintlich uneingeschränkte Wirkungsrahmen der „universellen Maschine" problematisch (vgl. Winkler 2004a, S. 207). Die Erwartungshaltung, dass Computer zu jedem Zweck eingesetzt werden können, ist eine bezeichnende Verschiebung jenes Universalitätsanspruchs, der

auf der Programmierbarkeit einer Rechenmaschine beruht.
Alan Turing (2007, S. 43) hatte die „Universalität des Digitalcomputers" 1950 noch damit begründet, „dass diese Maschinen
alle möglichen Tätigkeiten ausführen können, die ein menschlicher Rechner machen könnte" (ebd., S. 40). Die Universalität
im Rahmen des Berechenbaren hat sich seitdem zur Universalität
der Berechenbarkeit entwickelt.

Die vermeintliche Allmacht des Computers, mit der sich die
Grenzen des Kalkulierbaren aufzulösen scheinen, ist jedoch
kein mehr oder weniger aktuelles Phänomen elektronischer
Digitalcomputer. Sie setzt schon vor deren Entstehung ein. Mitte
des 19. Jahrhunderts hatte Ada Lovelace nicht nur das erste
Programm der Computer-Vorgeschichte geschrieben, indem
sie für Charles Babbages Pläne der „Analytical Engine" eine
Tabelle zur Berechnung der Bernoulli-Zahlen veröffentlicht
hatte. In diesem Zusammenhang hatte Lovelace zudem bereits
1843 über die Möglichkeiten spekuliert, diese Rechenmaschine
zur Komponistin zu programmieren. Eine für alles. Ihren Überlegungen zufolge „wäre die Maschine in der Lage, elaborierte
wissenschaftliche Musikstücke jedweder Komplexität und Länge
zu komponieren" (Lovelace 1996, S. 116).

Grundständig mit Machtansprüchen verbunden ist Computertechnologie zum Zweiten durch die Form ihrer Programmierbarkeit. Befehle werden befolgt. Wendy Chun (2013, S. 29–34)
hat auf die Geschichte der hier wirkenden „Yes, Sir"-Logik
aufmerksam gemacht. Sie führt zu den Programmiererinnen
und Operatorinnen des ersten elektronischen Digitalcomputers
ENIAC Mitte der 1940er Jahre zurück. Unter der Leitung eines
Chefprogrammierers waren Kathleen McNulty, Frances Bilas,
Betty Jean Jennings, Elizabeth Snyder, Ruth Lichterman und
Marlyn Wescoff dafür zuständig, die Schalt- und Leitverfahren
dieses Computers noch händisch festzulegen (vgl. Abb. 2.1).

Schalten und leiten und gehorchen: Bevor ab 1947
Programme „durch das Umlegen eines Schalters, was sechzig
gespeicherten Anweisungen entsprach, kodiert werden konnten"
(Chun 2017, S. 281), sorgten diese ersten Programmiererinnen
als die sogenannten „ENIAC girls" für die Planung und
Durchführung des dafür nötigen Umsteckens von Kabeln am

Abb. 2.1 Ruth Lichterman und Marlyn Wescoff (stehend) 1946 beim Progranmieren des ENIAC durch das Umstecken von Kabeln (Foto: ARL Technical Library)

ENIAC. Die Befehlsstruktur und Hoffnung auf widerspruchsloses Funktionieren ging in die Organisationsstruktur moderner Computer ein. Als das Schalten und Leiten automatisiert wurde und Computer mit den gleichen Mitteln Befehle empfangen, speichern und ausführen konnten, wurde „Yes, Sir" quasi zum Metaprogramm der Programmierbarkeit:

> Man könnte sagen, dass Programmieren zum Programmieren und Software zur Software wurde, als nicht mehr ein ‚Mädchen' herumkommandiert wurde, sondern eine Maschine Befehle erhielt. [...] Softwaresprachen basieren auf einer Serie von Anweisungen, die aus der Befehls- und Kontrollstruktur des Zweiten Weltkriegs stammen. (ebd., S. 287).

Die dritte grundsätzliche Verbindung von Computertechnologie und Machtfragen folgt daraus. Sie zeigt sich daran, wie menschlicher Umgang mit diesen programmierbaren Maschinen organisiert wird.

Diese Begegnung mit Computertechnologie – in den 1990er und 2000er Jahren mit den Buzzwords „Interaktion" und

„Interaktivität" (vgl. Distelmeyer 2012, S. 139–189) gefeiert –
basiert auf dem auffälligen Zusammenspiel jener zwei Interface-
Ebenen, die nach der *Software Studies*-Zählung von Cramer und
Fuller zwischen Hardware und „User" sowie zwischen Software
und „User" vermitteln. Menschen bekommen durch Hardware
wie Touchscreen, Monitor, Kamera, Maus, Trackpad, Tastatur,
Lautsprecher oder Mikrofon Zugangs- und Umgangsmöglich-
keiten mit Software-Prozessen.

So realisiert sich mein Umgang mit der Programmierbarkeit dieser Maschine, die ohne die anderen Interface-Ebenen
zwischen Software und Hardware nicht laufen kann. Dass über-
dies die Funktionsweise von Software auf meinem Gerät immer
häufiger davon abhängig ist, dass mein Gerät mit anderen
Computern über das Internet verbunden ist, weil Software als
Cloud-Service operiert, vertieft die Verzahnungen der Interface-
Ebenen weiter, wie ich im dritten Kapitel zeigen werde.

Ganz gleich aber, ob die Software, mit der ich mittels
Hardware umgehe, nun auf meinem Computer oder auf einem
damit vernetzten Server läuft: Immer realisiert der Möglich-
keitsraum der User-Interfaces eine *Logik und Ästhetik der Verfügung,* durch die das Umgehen mit Computern prinzipiell zu
einem Machtspiel wird (vgl. Distelmeyer 2017, S. 65–126 und
Distelmeyer 2018).

Jede Mensch-Computer-Interaktion ist durch die Vorschriften der Programmierung und definierte Hardware-Soft-
ware-Beziehungen vorbereitet. Dass und wie ich auf das
reagieren kann, was mir mittels User-Interfaces zur Verfügung
gestellt wird, dass und wie mir Computer und Ihre Leistungen
erscheinen, hat Programmierung so und nicht anders vorgesehen.
Meine Handlungsfreiheit existiert, weil und insofern sie ein-
geräumt ist. Es kann nicht anders sein, weil die nicht festgelegte
Maschine auch dafür – für meine Bestimmung – zuvor festgelegt
worden sein muss.

Programmierung hat überall dort, wo ich in und mit Interfaces
aktiv sein will oder von ihnen ohne mein Zutun erfasst werde,
sowohl Wege als auch Mittel bestimmt. Nicht nur die Leistung
irgendeines Programms, sondern auch die Mittel, es z. B.
durch das Tippen auf den Touchscreen meines Smartphones zu

starten, beruhen auf der gleichen, klar definierten Logik. So sind Computer an „Regeln, Ausführungsvorschriften, Algorithmen immer schon gebunden" und können, damit Menschen dabei mitwirken können, „die Regel aus ihrer Latenz befrei[en] und sie auf die Oberfläche der lesbaren Programmtexte bring[en]" (Winkler 2004b, S. 152).

Dieser Aspekt des Regelhaften ist von großer Bedeutung für die Verbindung des physikalischen und ideologischen Leitens, auf die ich noch zurückkommen werde. Denn sofern und solange Computer auf Menschen angewiesen sind, die (mit „User"-Status) bewusste Eingaben über dazu für sie angelegte Interfaces machen, müssen Computer dabei Regeln und Vorstellungen davon vermitteln, wie es um die Beziehung zwischen Mensch und Computer bestellt ist. Sie leiten Menschen in ihrem Umgang mit dieser Technologie.

Darauf hat der Informatiker und Computer-(Kunst-)Aktivist Frieder Nake (1984, S. 114) seit den 1980er Jahren immer wieder gepocht: Was und wie ein Mensch in den Computer eingibt, wird der Computer „unter Regie des Programms" für Eintragungen (verstanden als „Zuordnungen von Werten zu Parametern") und Entscheidungen (verstanden als „Verzweigungen im Programm") nutzen. Wie Daten dann „innerhalb des Computers diese Bedeutung erlangen, ist vom Programmierer so und nicht anders festgelegt worden" (ebd., S. 115). Darum hat Nake (ebd., S. 117) die „Mensch-Maschine-Kommunikation", die in den frühen 1980er Jahren dem Interaktions-Hype der 1990er Jahre vorausging, als eine „hilflose Formel für einen zutiefst gesellschaftlichen Prozeß" bezeichnet: „Die Partner, die über die kommunikative Schnittstelle in Verbindung treten, sind viel weniger der Computer und sein Bediener als der Bediener und der Programmierer" (ebd., S. 115).

Diese Idee eines menschlichen Individuums, das programmierend die kontrollierende Über- und Einsicht hat, ist freilich schon länger unter Druck. Die Verfahren differenzieren sich aus: in kooperatives Programmieren durch Teams und in automatisierte Prozesse.

Die an KI, an Künstliche Neuronale Netze und *Machine Learning*-Verfahren geknüpfte Hoffnung der algorithmischen

Entscheidungsfindung, dass „Computer, um bestimmte Aufgaben erfüllen oder Probleme lösen zu können, zukünftig immer weniger programmiert werden müssen, sondern stattdessen quasi-selbständig mit Lernalgorithmen operieren" (Sudmann 2018b, S. 55), ist auf Maschinen-Autonomie aus. Neue Machtansprüche stellen sich selbst programmierende Computer in Aussicht, die damit auch Ängste vor der „rekursiven Selbstverbesserung" einer „Superintelligenz" (Tegmark 2017, S. 492) provozieren. 2018 wurde die KI-Anwendung „Bayou" vorgestellt, die mittels *Machine Learning* in die Lage versetzt wird, selbst zu programmieren, eigene Programmzeilen zu schreiben (vgl. Vijayaraghavan et al. 2018).

Das ändert gleichwohl nichts daran, dass auch diese Möglichkeiten von Eigendynamik zuvor von Menschen gewollt, vorgesehen, infrastrukturell angelegt, gepflegt und mit Strom versorgt werden müssen. Menschen bleiben in der Verantwortung. „Bayou" z. B. wurde an der Rice University in Houston durch die finanzielle Unterstützung von Google und der Defense Advanced Research Projects Agency (DARPA) des US-Verteidigungsministeriums entwickelt.

Zugleich untermauern diese Entwicklungen die grundständige Bedeutung der *entschiedenen Programmierbarkeit*. Sie nutzen und betonen die Bestimmbarkeit der unbestimmten Maschinen, dank der Software, Hardware und Gebrauch (flexibel bindend) zueinander in Beziehung gesetzt werden. Programmierbarkeit macht die Kraft des Computers als multifunktionale Maschine aus. Eben darum hat es eine gewisse Chuzpe, die so ermöglichten Umgangsformen mit Computern überhaupt Interaktion zu nennen.

Ganz egal, ob ich gerade in einem Textverarbeitungsprogramm schreibe, über *Social Media*-Plattformen kommuniziere, mein Navigationsgerät bediene, mich in einem Open World-Computerspiel bewege, vor der Kinect-Kamera gestikuliere oder in einer höheren Programmiersprache programmiere: Interaktion ist dabei weniger aufeinander bezogenes Handeln, sondern vielmehr füreinander vorgesehenes Handeln. Damit der Computer, erstens, mein Handeln überhaupt als Handlung erkennen und verarbeiten sowie, zweitens, mir seine Aktivitäten via Interface-Anlagen vermitteln kann, wurde programmierend Vorsorge getroffen. Die eigendynamische Weiterentwicklung von Mustererkennung, dank der Sprachsteuerung funktioniert, bildet dabei keine Ausnahme. Programmierung hat den Computer dazu angeleitet – als ein Handeln auf Handlungen.

Alles läuft vorschriftsmäßig. Auch die Freiheit meiner Handlungsoptionen, die ich mir dabei herausnehmen kann:

> Seit Alan Turings spektakulärer Konstruktion einer diskreten Maschine und John von Neumanns Implementierung einer entscheidungssicheren Funktionslogik steht die Turingmaschine Modell für eine universale Rechenmaschine, die Intelligenz in elementare, machbare Rechenoperationen zerlegt. Der symbolische Raum, der in ihrem Innern entsteht, ist ein rein numerischer. Hier ist alles streng determiniert, vorausberechnet und kalkülisiert […]. Die Menge möglicher Interaktionen wird durch mathematisch festgelegte Regeln vollständig definiert. (Maresch 2004, S. 280).

Interaktion mit dem Computer bedeutet somit, sich auf programmatisch bestimmte Möglichkeitsbedingungen einzulassen. Darum ist die Verfügung über das, was Computer bieten, stets an ein Sichfügen gebunden. Dank der Programmierbarkeit ist jedoch auch dieses Fügen keineswegs als Einbahnstraße der Macht zu verstehen. Es gibt vielmehr Um-, Seiten- und Auswege, durch die sich Verhältnisse ändern können.

Benjamin Grossers „Facebook Demetricator", ein 2012 entwickeltes und inzwischen kanonisches Stück Software-Kunst, gibt dafür ein überzeugendes Beispiel. Als programmiertes Add-on, als Software-Erweiterung für Browser sorgt der „Demetricator" für ein verändertes Erscheinungsbild von Facebook (vgl. Abb. 2.2).

Auf Knopfdruck zeigt sich die Facebook-Seite komplett ohne die notorischen Statistiken, ohne die allgegenwärtigen Summen von „Posts", „Likes" und „Freunden", die diesen Modus des Sozialen und seine metrische Funktionslogik ansonsten auszeichnen. Und gerade indem sie an- und abgeschaltet werden kann, kann Statistik nach ihrer Bedeutung für die Facebook-Form sozialer Interaktionen befragt werden. Die Erfahrung,

Abb. 2.2 Facebook ohne die Metriken der Interaktionen: Screenshot aus Benjamin Grossers Video-Dokumentation „Facebook Demetricator" (Grosser 2018)

‚wie das Fehlen von Metriken unsere Interaktionen im vernetzten Raum verändern mag' (Grosser 2014), ist zugleich die Erfahrung, dass Programmierung veränderbar ist.

So zeigt sich Programmierbarkeit als (das) Regeln einer Veränderung, die prinzipiell immer möglich ist. Zum Verständnis der „Mikroentscheidungen" als kleinste Einheit und technische Voraussetzung der „Politik der Netzwerke" zitiert Florian Sprenger (2015, S. 71) die Informatikerin Agata Królikowski mit ihrem Hinweis auf programmatische Variabilität: Der Unterschied zwischen „Information blockieren, Information verzögern und Information durchleiten ist lediglich eine technische Regeldefinition in Software, die jederzeit geändert werden kann".

Eben weil im Rahmen der Digitalität alle Formen des Regelns auf Basis der Programmierbarkeit laufen, können sie auf genau dieser Grundlage auch umgangen oder verändert werden. Auch die Ausbildung der nicht explizit vorgeschriebenen Eigendynamik von *Machine Learning* baut darauf. Und jede Form des Hackens, des verändernden Eingreifens in Computer-Systeme, lässt diese Sorge oder Hoffnung wahr werden. *Yes, Sir:* Als Befehlsempfänger nimmt der Computer seine Order auch von Hackerinnen widerspruchslos entgegen. So erlauben

Computer eine potenziell endlose Bewegung zwischen Verfügen und Sichfügen; ein Spiel der Macht, in dem ich der Maschine Befehle erteile, (dabei) ihren Regeln folge und diese (mit neuen Befehlen) ändern kann, weil ich (auch dazu) prinzipiell eingeplant bin.

Wie wir als Menschen gegenüber dieser Sorte Maschinen sein und wirksam werden können, setzt also eine doppelte Modellbildung voraus. Diese Maschinen müssen nach unserem Machtanspruch modelliert werden, und in ihnen wird ein ebenso wirksames Modell von uns als erfassbares und damit Einfluss nehmendes Gegenüber verankert. (vgl. Nake 1984, S. 115; Budde/Züllighoven 1990, S. 4; Pias 2000, S. 104).

2.4   Depräsentieren (Verschließen und Erschließen)

Etwas von den beiden Modellbildungen der Maschine und ihres menschlichen Korrelats muss sich in diesem Machtspiel bemerkbar machen. Wenn funktionieren soll, was einigermaßen euphemistisch Interaktion genannt wird, muss das geplante Verhältnis von Menschen und Computern in gewisser Weise ausgestellt werden. Was Software können soll, muss vermittelt werden.

Schuld daran ist die Janusköpfigkeit des Computers, die einen Vermittlungsnotstand ausruft. Der menschliche Gebrauch des Computers ist auf Transferprozesse zwischen zwei Ebenen angewiesen. Frieder Nake (2016, S. 13) hat sie als *Surface* und *Subface* unterschieden: „The surface is analog, the subface is digital." Daher existieren „Computerdinge" insofern „doppelt", als „sie eine uns sinnlich zugängliche und eine uns sinnlich nicht zugängliche Seite aufweisen" (Nake 2001, S. 170).

Zwischen Speicherinhalt (als „Daten" prozessierbare elektrische Impulse) und ästhetischen Erscheinungen (als Oberflächeneffekte der Mensch-Computer-Interfaces) analytisch zu unterscheiden, heißt dabei zugleich, ihre ‚ontologische Zusammengehörigkeit' (Nake 2016, S. 20) anzuerkennen. Dieses „System der Kopplung", so Yuk Hui (2013, S. 114), „ruft nach einem neuen Verständnis von Ästhetik […], welches auch ihrer eigenen technischen Bedingtheit Rechnung zu tragen hat".

Solange Computer von Menschen verlangen (müssen), dass sie Eingaben machen, wird deshalb von Computern verlangt, dass sie Auskunft darüber geben, wie diese Eingaben erfolgen können. Sie zeigen und öffnen etwas von ihrer Systematik, damit – ähnlich der Möglichkeit, eine Eingabe bei einer Behörde einzureichen – Außenstehende nach den Regeln der Systematik mitspielen und Einfluss nehmen können. Ich werde von Computern zu einem gewissen Teil darüber informiert, worauf ich mich einlassen soll, damit meine Einlassung einen Effekt haben kann. Die Gestaltungen von User-Interfaces, die Interface-Inszenierungen von Möglichkeitsräumen, spielen dabei die entscheidende Rolle.

Friedrich Kittler hat an den bis heute dominanten Interface-Inszenierungen kritisiert, dass sie Menschen paradoxerweise vom Computer entfernen. Die seit den frühen 1980er Jahren durchgesetzten Graphical User Interfaces, diese besonders aufdringlichen Erscheinungsweisen von Software als grafische Handlungsräume, entziehen und beschränken für Kittler systematisch das Eigentliche des Computers. Dieses Eigentliche ist seine (im Turingschen Sinne universelle) Programmierbarkeit; eine Art mathematische Freiheit. Die „Unabdingbarkeit und folglich auch die Vorgängigkeit von Hardware" (Kittler 1993, S. 237) wird durch die Software (höherer Programmiersprachen) verborgen. In Form von Betriebssystemen sorgt Software zudem dafür, dass die prinzipiell offene – wenn auch eingeschränkte – Maschine zu einem *closed shop* wird, in dem nur noch bestimmte Anwendungen möglich sind.

Die Nebelkerzen der Interface-Inszenierungen verschleiern aus Kittlers Perspektive somit zweierlei: den Zugang zur Programmierbarkeit der eigentlich egalitären Maschine namens Computer und ebenso das Machtbegehren der Software-Konzerne, Menschen als „User" zu Untertanen ihrer Betriebssysteme zu machen. In jenem „Oberflächeneffekt, wie er unterm schönen Namen Interface bei Konsumenten ankommt", in jenem „Blendwerk" der bildhaften Gebrauchsoberflächen, so Kittler

(1986, S. 7–8), haben verborgene Kommandos dafür gesorgt, dass Kommandos verhindert werden:

> Dort kann man nicht einmal mehr ein x-beliebiges Kommando eingeben. Durch die Bilder – die Icons – sind die Kommandos schon vorsortiert. Davon erfährt der Normalsterbliche gar nichts. Das bedeutet aber nicht, daß am Mac nicht tausend andere Sachen möglich wären, sobald man auf die symbolische Ebene der verbalen textuellen Programmierung hintergeht. Die Benutzeroberfläche erzeugt aber den Anschein, als gäbe es diese Ebene unterhalb der Bilder gar nicht. (Kittler 1994b, S. 120).

Kittlers (1994a, S. 210) Kritik, durch das Graphical User Interface und unter „Stichworten wie Benutzeroberfläche, Anwenderfreundlichkeit oder auch Datenschutz" habe „die Industrie den Menschen mittlerweile dazu verdammt, Mensch zu bleiben", trifft einen wichtigen Punkt. Sie attackiert das Verhältnis von Software und Ideologie dort, wo der Vermittlungsnotstand durch Interface-Inszenierungen aufgelöst werden soll. Die Vorbilder dafür entstammen nicht Computerverhältnissen, auf die für Kittler die Kommandozeile noch hinweist, sondern sind aufdringlich anthropozentrisch.

Zweifellos ist der Einfluss dieser operativen Bilder immens, die nun – als Folge der Beziehungen zwischen den Begriffen Interface und Leiten – noch etwas genauer als *operative Leit-Bilder* bezeichnet werden können. Jedoch konstruiert der von Kittler kritisierte „Oberflächeneffekt" nicht eine allgemeine Form von „Mensch bleiben".

Durch den Umgang mit der Desktop-Inszenierung und diesen Leit-Bildern in Form von Ordnern, Akten, Dateien und Papierkorb wurden und werden wir hingegen zu einer ganz bestimmten Menschwerdung „verdammt": zu Büromenschen. Computerarbeit ist Büroarbeit, indem das ‚grafisch intuitive MacIntosh-Interface' eine Realität ‚durch und für weiße Mittel- und Oberschicht-User konstruiert, mit der sie vertraut sind und sich wohl fühlen' (Selfe/Selfe 1994, S. 486). So sieht Ermächtigung aus. Passend dazu hatte ein Schulungsvideo für den neuen Computer namens Lisa, mit dem Apple 1983 die Schreibtisch-Inszenierung und die Maus erstmals einführend erklärte, ein

Abb. 2.3 ‚Arbeitet wie ich': Screenshots aus dem Schulungsvideo für den Apple Lisa (Apple Computer Inc. 1983)

leitender, weißer Manager über die vollen 15 Minuten das Sagen (vgl. Abb. 2.3). Was das Besondere dieses neuen Systems sei? „You see, it works the way I do." (vgl. Apple Computer Inc. 1983).

‚Interfaces und Betriebssysteme produzieren User – eine/n und alle.' (Chun 2013, S. 67–68) Diese ideologische Struktur, mit der User-Interfaces ‚nicht nur definiert werden, sondern auch aktiv definieren, was der Mensch und was die Maschine ist' (Hookway 2014, S. 12), vermittelt konkret zwischen zwei Formen des Leitens. Einerseits leitet mich die Interface-Inszenierung darin, wie ich mit dem Computer umgehen kann. Andererseits können das die klickbaren Dateien auf der Schreibtischoberfläche und die berührbaren App-Zeichen auf dem Homescreen meines Smartphones nur deshalb leisten, weil sie indexikalisch sind: Sie sind kausal und physisch mit den internen Leitungsprozessen verbunden. Sie sind in Kontakt mit der internen Telegrafie des Computers.

Anders gesagt: Die spezifische Operativität jener operativen und indexikalischen Leit-Bilder, die Interface-Inszenierungen anlegen und anbieten, bringt zwei unterschiedliche Formen von Operationen zusammen. Die leitenden und schaltenden Operationen in und zwischen Computern auf der einen und das menschliche Handeln auf der anderen Seite. Obwohl menschliches Handeln prinzipiell vom programmgesteuerten Wirken der Computer unterschieden werden muss, kann es in diesem Fall insofern ebenfalls als (angeleitete) Operation verstanden werden, weil es in Bezug auf diese Technik geschieht, die „*Programmier-barkeit* und *Formalisierbarkeit* verquickt" (Mersch 2016, S. 35, Herv.i.O.).

Das enttäuschte Fazit, der Umgang mit Graphical Users Interfaces verurteile Menschen dazu, Menschen zu bleiben, greift darum zu kurz. Der Bildzusammenhang, in den Interface-Inszenierungen eingewöhnen, ist vielmehr der programmatische Bildzusammenhang einer etwas komplizierteren (Wunsch-) Konstellation: von Menschen im Umgang mit Computern und von Computern für menschlichen Zugang. Darum bieten Interface-Inszenierungen sowohl ideologische Zugänge als auch Zugang zu Ideologiekritik an.

Interface-Inszenierungen realisieren operative Modelle der Beziehung zwischen Menschen und Computern. Sie vermitteln Software als das, was Menschen mit ihr anfangen können. Sie folgen der Absicht, diese Beziehung funktionieren zu lassen, und können darum gar nicht anders, als etwas von dieser Absicht auszustellen. „[T]he [black] box begs to be touched, it exists to be manipulated, to be *interfaced*." (Galloway 2011, S. 239, Herv.i.O.) Wie hier Menschen, wie Computer und wie ihre Beziehung zueinander gedacht sind, zeigt sich in jenen Inszenierungen, die diese Beziehung wahr (das heißt hier: effektiv) machen soll.

Der Grund dafür liegt in der Operativität und Indexikalität dieser Bilder. Sie sind nicht nur zum Schauen (und Verstehen) bestellt, sondern dazu, dass Menschen etwas mit ihnen anfangen. Darin erfüllen sie sich und sind darum auf ein gewisses Verständnis und daraus resultierendes Handeln angewiesen.

Weil ihr ästhetisches Erscheinen als Bild und Zeichen (z. B. in Gestalt des App-Bildes einer Kamera auf dem Touchscreen meines Smartphones) kausal wie physisch mit den internen Schalt- und Leitungsprozessen des Computers verbunden ist (und ich somit das Programm starten und von den Kamera-Sensoren meines Smartphones fotografierend Gebrauch machen kann), kann sich das programmierte und von mir als User irgendwie verstandene Verhältnis zwischen Mensch und Maschine erfüllen. Auf der Grundlage dieser programmatischen

Indexikalität sind die Bilder der Interface-Inszenierungen „operative Bilder, die im technischen Vollzug aufgehen, die zu einer Operation gebraucht werden" (Farocki 2004, S. 61).

Dass damit weder die hier wirkende Systematik des Computers noch die der Software – um ein weiteres mythisches Modewort zu benutzen – „transparent" würde, ist völlig klar. Aber in genau diesen (Inter-)Aktionsmomenten, die Kittler (1994b, S. 120) als Fan der Kommandozeile den Entzug der Maschine durch „die Bilder" nennt, wird auch etwas geboten. Uns begegnen Programmierung und Gestaltung gewordene Vorstellungen davon, wie das menschliche Verhältnis zu Computern und ihren Programmen aussehen, verstanden und be-greifbar werden soll.

Was in der Inszenierung von User-Interfaces geschieht, ist darum nicht allein eine Verschleierung. Hier ereignen sich Entzug und Angebot, Verbergen und Präsentieren zugleich. User-Interfaces, diesen Begriff hat Marianne van den Boomen (2014, S. 36) eingeführt, *depräsentieren*. Im selben Moment, in dem Interface-Inszenierungen mit ihren operativen Leit-Bilder dazu einladen, Maschinenprozesse zu einem bestimmten und von mir gewollten Zweck (z. B. zu fotografieren) in Gang zu setzen, verbergen sie diese Prozesse (der internen Telegrafie) und stellen, so van den Boomen, ontologisierte Einheiten dar, um als menschenlesbare Zeichen zu funktionieren:

> In the case of computer icons such a disclosure of the hidden processes would kill the principle of the shortcut, making it illegible by the obfuscating stream of messages about ongoing (or halted) machine processes. The concealment of processes is not contingent, it is a purposive construction to withhold particular representations, built in by interfacial design. I propose to call this built-in principle depresentation, in order to distinguish it from contingent non-representation. (ebd.)

Kittlers wichtiger Hinweis, Konzerne wie Microsoft, zu deren „Untertanen" uns ihre Betriebssysteme und Programm/ Apps zu machen anstreben, stünden vor dem Problem, „wie die Unterwerfung, um ihren weltweiten Siegeszug anzutreten, vor den Subjekten verborgen werden kann" (Kittler 1994a,

S. 211) ist nur die eine Hälfte des Problems. Die andere Hälfte besteht darin, sich „den Subjekten" so zu präsentieren, dass sie (und zwar auf bestimmte Weisen) mitmachen. Nur so, durch Beteiligung, erfüllen sich die angestrebten und versprochenen Machtausübungen.

Das ästhetische Erscheinen von Software, von Betriebssystemen und Programmen/Apps, adressiert mich, damit ich mich – sei es als „Untertan", Nutznießer oder Service-Kraft von Microsoft, Apple, Alphabet, Huawei, Alibaba und anderen – in das einbringe, was ich als natürliche und funktionale Vorgänge akzeptiere, um damit selbst Einfluss zu nehmen und Befehle zu erteilen. *I just work.*

Die Doppelfunktion, die William Thomson Ende des 19. Jahrhunderts als Funktion des Interface fasste, bekommt hier eine neue Dimension. Trennend und vermittelnd zugleich zu wirken, realisiert sich bei Graphical User Interfaces ästhetisch als Depräsentation. Depräsentierend erfüllen und entziehen sich Machtansprüche und oszillieren Interface-Inszenierungen zwischen Verschließen und Erschließen. So ermöglichen sie das Machtspiel von Verfügen und Sichfügen, indem sie physikalisches Leiten mit ideologischem Leiten, mit Führen, verbinden.

Der Ausdruck „Spiel" soll dabei den Aushandlungsprozess betonen, in dem Machtverhältnisse hier real werden. Vorschriften und Bedingungen, Programme und Operationsmodi realisieren sich in jenem Umgang mit Mensch-Computer-Interfaces, der dann sowohl die darin vorgesehenen Gegensätze „Mensch" und „Computer" produziert als auch in der Lage ist, nach Auswegen zu suchen, Lücken im System zu finden und sich den Vorgaben zu entziehen. Was nach Roland Barthes (2006, S. 71) für jeden Text gilt, er „hat Spielraum (wie eine nicht ganz schließende Tür, ein Apparat ‚Spiel' hat)", gilt für Mensch-Computer-Interfaces auf besondere, programmatische Weise.

Solange Interface-Inszenierungen Menschen angehen, weil wir zu Eingaben aufgerufen sind, machen sie die damit zu stiftende Beziehung in bestimmter, eingeschränkter und gewollter Weise präsent und verhandelbar. Hier, in dieser Einladung zur Teilhabe, liegt darum zwangsläufig auch eine

Gelegenheit zum Ein- und Nachhaken. Gerade User-Interfaces können somit als eine Einladung missbraucht werden, nach dem geplanten Verhältnis zwischen Mensch und Computer(isierung) zu fragen, an dem User-Interfaces ebenso wie alle anderen Interface-Ebenen beteiligt sind. Sie öffnen einen Weg zur Kritik der Digitalität.

2.5   Interfaces leiten

Was diese schlichte Feststellung für eine Kritik der Digitalität bedeutet, folgt aus dem Bedeutungsspektrum dieser zwei Begriffe und ihrer Beziehung zueinander. Dass Interfaces leiten, bekräftigt und pointiert eine inzwischen in der Medienwissenschaft durchgesetzte Einsicht: Ein Interface ist kein Ding oder Zustand, sondern stets ein dank Dingen und Zuständen laufender Prozess, der Folgen hat (vgl. Galloway 2012; Drucker 2014; Emerson 2014; Ash 2015; Wirth 2016b; Distelmeyer 2017; Ernst/Schröter 2017; Kaerlein 2018) Die Prozessualität der Interfaces, die auf den miteinander verbundenen Ebenen zwischen Hardware, Software und Nicht-Computer-Welt das Wirken von Computern ermöglichen, vollzieht sich leitend.

Interfaces leiten, indem sie Prozessoren arbeiten lassen, interne Verbindungen herstellen, Regeln übertragen, Apparate koppeln, Zugänge öffnen sowie anleiten, was wie zu tun ist. Um es genauer aufzuschlüsseln: Aus den bereits benannten fünf *Ebenen der Interfaces* haben sich vier *Felder des Leitens* herausgebildet. Sie zu erschließen und damit die unterschiedlichen Ebenen des Interface-Komplexes mit der Doppelbedeutung des physikalischen und ideologischen Leitens zu beschreiben, öffnet einen neuen Zugang zur Gegenwart der Computer(isierung) und ihrer Kritik.

Vier Felder des Leitens trenne ich hier, um theoretisch zu unterscheiden, was sich praktisch im Wirken von Computern überschneidet. Diese Unterscheidung wird desto wichtiger, je weiter der Prozess der Computerisierung voranschreitet. Denn ein Fluchtpunkt dieser Entwicklung besteht gerade darin, dass sich die notorisch überschneidenden Felder bis zur Unkenntlichkeit überlagern.

Das erste Feld umfasst alle Prozesse des Leitens bei der internen Telegrafie. Dies ist das Feld der Transmissionen jener Impulse und Signale im Inneren (der diversen Formen) des Computers, für die Interfaces zwischen Hardware und Hardware, Hardware und Software sowie Software und Software angelegt werden. In diesem Feld legt Software das Funktionieren von Geräten fest, bestimmen Betriebssysteme Bedingungen und Grenzen der Operationen.

Das zweite Leitungsfeld ist die logische Erweiterung des ersten: die Verbindungs- und Leitungsprozesse zwischen Computern und in den Netzwerken, die dadurch entstehen. Kabel und drahtlose Verbindungen sorgen für die Ausbreitung der elektromagnetischen Wellen, die das Internet tragen. Glasfaserkabel führen zu Sendemasten, damit das Projekt von 5G als „flächendeckende Bestellung des elektromagnetischen Feldes mit immer informationsreicheren Wellen" (Schneider 2021) gelingen kann. Sie leiten weiter, was im Inneren der Computer geschieht, dort wiederum ankommen soll und dazu – als protokollogischer Datentransfer durch Mikroentscheidungen – den Bedingungen von TCP/IP genügen muss.

Das musste ja so kommen. Weil der Computer mit seiner internen Telegrafie „den Raum der Telekommunikation mit dem inneren Funktionieren der Maschine verschmilzt", ist seine „Verkabelung" für Hartmut Winkler (2015, S. 293–294) kein Zusatz, sondern eine Konsequenz, die von Beginn an angelegt ist. Hier externalisieren sich die Interface-Konstellationen zwischen Hardware und Software, wobei allerdings neue Hardware-Hardware-Interfaces wie die unterseeischen Kabel des Internets und Software-Software-Interfaces z. B. in Form von Internetprotokollen ins Spiel gekommen sind.

Wenn allerdings Computer von Computern programmiert und sie so mit Hardware- und Software-Interfaces zu neuen Verfahren und Zwecken angeleitet werden, erweitern sich diese Leitungsprozesse zwischen Computern dramatisch. Damit fällt das physikalische Leiten zwischen Computern endgültig mit dem ideologischen Leiten zusammen, das Annahmen, Verfahren und Ziele festlegt. Sofern dies unter Umgehung menschlicher Aktivität und Verantwortung geschehen kann, was auf die eine oder andere Art bislang konstitutiv ist für ideologisches Leiten, gibt dies dem Leitungsfeld zwischen Computern als externe Telegrafie eine neue, machttechnisch und -theoretisch immens bedeutende Dimension. Sie betrifft auch und insbesondere das dritte Feld des Leitens.

In diesem dritten Feld finden die Leitungsprozesse zwischen (vernetzten) Computern und all dem statt, was kein Computer ist. Neben den Interface-Ebenen, die das programmatische Funktionieren der internen und externen Telegrafie garantieren, kommen hier vor allem die Interfaces zwischen Hardware und (v)ermittelbarer Welt hinzu. Mit (vernetzten) Computern verbundene Dinge und Körper werden gesteuert und liefern ihrerseits Input. Die Beispiele reichen von „smarten" Heimen über Herzschrittmacher und Hörhilfen bis zu Brain-Computer-Interfaces. Jennifer Gabrys nennt diese Ausbreitung der Beziehung zwischen (v)ermittelbarer Welt und sensorbasierter Computertechnologie Verumweltlichung. Sie spricht von „the *becoming environmental of computation*" (Gabrys 2016, S. 4, Herv.i.O.).

Kybernetische Regelkreise schließen sich und öffnen sich für weitere Implikationen. Vernetzte und mit Sensoren ausgestattete Straßenlaternen einer *Smart City* erfassen die Bewegungen in ihrer Umgebung, spenden bei Bedarf Licht und leiten ihre Vermessungsergebnisse – ihr „Wissen" von der Stadt – weiter (vgl. Bauer 2017). Verfahren des „virtual fencing" erfassen und leiten Nutztiere in den Grenzen eines virtuellen Zauns, der nun nicht mehr errichtet werden muss, weil er flexibel für Herden und Einzeltiere individuell eingerichtet und überwacht werden kann (vgl. Friedrich 2021). *Machine Learning* ist der Weg, mit dem die Grenzen solcher Relationen erweitert werden und sich letztlich in einer einzigen großen Relation auflösen sollen.

Dieses Leitungsfeld wächst immens. Es soll – „It's Everywhere. It's Invisible. It's Ubicomp" (Weiser 1997) – die Welt sein. Darauf setzt die angestrebte Ubiquität von Computertechnologie als neue, von Technik durchdrungene und bestimmte Ökologie. Unter dem Titel Technosphäre und Technoökologie wird diese Ausbreitung,

Einbettung und Eigendynamik von Computertechnologie als „implication" (Hansen 2015, S. 580–629), als dritte Phase der kybernetischen „Kontrollkultur" (Hörl 2016, S. 41) verstanden. Für die technoökologischen Ansätze der Medienwissenschaft werden auf diese Weise ‚Medien zu einer Umwelt, die wir einfach dadurch erleben, dass wir in Raum und Zeit sind und handeln' (Hansen 2013, S. 73).

Gerade Formulierungen wie *Verumweltlichung, Technoökologie* und *Technosphäre* zeigen an, dass in dieses dritte Feld alle Prozesse des Leitens fallen, die zwischen Computern und Nicht-Computern stattfinden und vermitteln. Streng genommen schließt das also alle Beziehungen zwischen Menschen und Computern mit ein. Es ist jedoch aus mindestens zwei Gründen sinnvoll und wichtig, diesen Teil des dritten Feldes mit besonderer Aufmerksamkeit zu betrachten und dafür als ein viertes Feld des Leitens hervorzuheben.

Eine Kritik der Digitalität, die sich als eine beteiligte Entfaltung ihrer Sorge versteht, muss der Bereich, in dem sich die Begegnung zwischen Menschen und Computern vollzieht, besonders interessieren. Sie, diese Begegnung, ist eine Grundlage solcher Kritik, nicht bloß ihr Objekt oder Thema. Hinzu kommt, dass sich in diesem vierten Feld Prozesse des physikalischen Leitens mit denen des ideologischen Leitens ausdrücklich verbinden. Hier ereignen sich besondere Formen und Folgen der Programmierbarkeit. Die Mensch-Maschine-Beziehungen als viertes Feld des Leitens gesondert hervorzuheben und damit auch die Verantwortung des Programmierens zu betonen, hilft darum gerade dabei, die Veränderungen zu beschreiben, die eine Programmierung zur Selbst-Programmierung bedeutet.

In dieses vierte Feld des Leitens fallen daher besonders die Prozesse der bewussten Aushandlungen zwischen Menschen und Computern. Im Unterschied und in Ergänzung zu jenen Phänomenen, in denen Menschen Teil der Erfassung durch sensorische Interfaces zwischen Hardware und (v)ermittelbarer Welt werden, ohne dazu bewusste Eingaben über User-Interfaces beizutragen, geht es hier um nicht nur technisch vorbereitete Prozesse.

Hier kommt eine ästhetische Dimension dazu, die nach bestimmten Wert- und Zweckvorstellung programmiert und gestaltet wird. Mein Umgang mit Computern wird durch Hardware/Software-Konstellationen möglich, zu denen auch jene Erscheinungsformen von Software gehören, die mir Sprachsteuerung erlauben oder einen Handlungsraum öffnen, in dem ich gestisch vor einer Kamera oder mittels Maus, Tastatur und Touchscreen Einfluss nehmen kann. *It works the way I do.* In diesem Bereich der User-Interfaces und Interface-Inszenierungen entfalten operative Bilder ihre leitende Wirkung.

Die nötige Indexikalität dieser Leit-Bilder verzahnt technisch-physikalisches und ideologisches Leiten. Verfügen und Sichfügen: Die Bilder, mit denen ich auf der Desktop-Oberfläche, in der Gestaltung einer Website, im Handlungsraum eines Computerspiels oder auf dem Homescreen eines Smartphones etwas anfangen kann, übertragen immer auch Wertvorstellungen. Indem sie Mensch-Computer-Verhältnisse vermitteln, stellen sie Menschen und Maschinen an dafür vorgesehene Plätze. Sie agieren Modelle aus und integrieren Weltbilder in diese besondere Form „nützlicher Bilder" (vgl. Nohr 2014).

Dass hier das Leiten auch eine ideologische Dimension hat, ist in Interface-Inszenierungen wie der Schreibtischoberfläche, der Kachel- und Raster-Ästhetik oder anderen Erscheinungsweisen gut zu bemerken. Vorstellungen von z. B. Arbeit (am Schreibtisch) und Interaktion (als Befehlen-und-Gehorchen) treten in einen Vordergrund, der zugleich als reiner Werkzeugcharakter und zugunsten von *Usability* übersehen werden soll. Mark Weisers (1994) symptomatisches Credo der „Invisible Interfaces" besteht nicht zuletzt darin, dass operative Bilder bitte im Zweckprozess verschwinden und keinesfalls als Bilder Aufmerksamkeit erregen sollen. Das dritte Kapitel wird am Beispiel der Einführung des iPhone und seiner App-Raster-Ordnung noch genauer darauf eingehen.

Um eine weitere Form ideologischen Leitens, um die Vermittlung von Wertvorstellungen und -Ordnungen, geht es in jenen Momenten, in denen programmiert wird. Indem ich programmiere, leite ich mit dafür vorgesehenen User-Interfaces Computer an, so und nicht anders zu verfahren. Ich bestimme Abläufe, lege Beziehungen fest, definiere Wenn-Dann-Relationen, ordne Werte zu und verfolge damit einen Zweck, für den ich die *General Purpose Machine* festlege. Ich versuche Zielvorstellungen umzusetzen, indem ich Vorschriften erlasse. Ich mache Computer gehen.

So – weil Programm-Skripte Gesetzgebung und Vollstreckung zusammenführen (vgl. Chun 2013, S. 128) – entsteht eine Verantwortung, die rechtfertigt, dieses vierte Feld aus dem dritten heraus hervorzuheben. Wenn Menschen programmieren, verbinden sie ideologisches mit physikalischem Leiten. Sie verwandeln Zweck-, Ziel- und Wertvorstellungen in Schaltungs- und Leitungsprozesse für automatische Abläufe. So werden jene Computer-Prozesse bestimmt, die dann in den unterschiedlichen Feldern des Leitens vonstatten gehen (sollen) und z. B. in Gestalt programmierter User-Interfaces als Beziehung zwischen ideologischem und physikalischem Leiten benutzbar werden.

All dies kann nur unter Beteiligung bestimmter und bestimmender Interfaces gelingen, die erst recht bei höheren Programmiersprachen eine Programmierung überhaupt ermöglichen. Mensch und menschengemachte Technik stehen also als Verbund in der Verantwortung des Programmierens, jener besonderen Machtausübung als ein programmatisches Handeln auf Handlungen.

In diesem Rahmen bleiben Menschen auch dann in der Verantwortung, wenn sie ein Künstliches Neuronales Netz programmieren und trainieren (lassen), dessen interne Leitungsprozesse und Rechenschritte sich dann der Nachvollziehbarkeit durch Menschen entziehen mögen. Die Schritte zur Autonomisierung, die in der KI- bzw. ADM-Forschung derzeit entwickelt werden, bewegen sich nicht außerhalb dieser Verantwortung. Software aber, die auf rekursive Selbstverbesserung hin entworfen wird und deren Programm somit die Wunschkonstellation einer autonomen Selbstprogrammierung erlauben könnte, würde dabei einen ganz neuen Schritt bedeuten.

Mit der Kränkung des Menschen, wenn dieses ideologische Leiten der Programmierung – „computers as source of source code" (ebd., S. 38) – vollständig durch die Maschinen selbst vonstatten geht, vollendet sich das Bild der Technosphäre als

environmentale und totale Kontrollkultur. Alles eine Frage der
Relation: Für die Prozesse der Programmierung gibt es dann
keinen Unterschied mehr zwischen dem zweiten und dem
vierten Feld des Leitens. Physikalisches und ideologisches
Leiten werden eins.

Für die Möglichkeiten einer Gesellschaft, über Machtausübung zu streiten, hat das einschneidende Folgen. Die Eigendynamik programmatischer Prozesse, die aktuell mit Verfahren
des *Machine Learning* vorangetrieben wird, bedeutet in letzter
Konsequenz, diese Form der Macht außerhalb jeder Diskussion
zu stellen. Die schon jetzt oft betonten und insbesondere auf der
EU-Ebene (vgl. EK 2018a; EK 2018b) verhandelten Probleme,
sich zu Algorithmen verhalten zu können, die IT-Unternehmen
als ihre Betriebsgeheimnisse hüten und die sich en detail in
Künstlichen Neuronalen Netzten nicht mehr nachvollziehen
lassen, erreichen damit eine neue Dimension (vgl. Engemann
2018, S. 254). An die Stelle von Diskurs treten dann apparative
Prozesse des Leitens und Schaltens.

2.6   Fragemodus (Interface-Analysen)

Nach diesem Umweg über die Zusammenhänge zwischen
Digitalität und Macht, das Depräsentieren und die Felder des
Leitens mag nun deutlicher geworden sein, inwiefern die enge,
historische und konzeptionelle, Verbindung der Begriffe Inter-
face und Leiten einen Weg zur Kritik der Digitalität bahnt. Die
Gegenwart der Computer(isierung) lässt sich als Prozesse des
Leitens beschreiben, die in vier Feldern stattfinden und dabei auf
fünf Interface-Ebenen angewiesen sind.

Wo Computer wirken, wirken Interfaces und laufen Verfahren des Leitens. Ohne sie kann kein Computer prozessieren,
keine Software die Hardware besetzen. Ohne sie kann nichts
und niemand dieser Sorte Maschinen Anweisungen und Input
geben; sei es als Programmierung, als *Sensing*-Verfahren oder
als Eingabe vermittels jener alltäglichen Gebrauchs-Interfaces, die „User" adressieren, konstruieren und programmatisch
ermächtigen. Ohne sie kommt es zu keinerlei Verknüpfung –

weder zu lokalen Netzwerken oder dem Internet, noch zu Verbindungen mit Dingen oder Lebewesen. Ohne sie können neuronale Netze weder aufgesetzt (also Computer daraufhin programmiert), noch trainiert oder laufen gelassen werden. Ohne sie läuft nichts von dem, was die Computerisierung als Technosphäre verspricht: die Durchsetzung einer ‚undurchdringlichen Logik von Verwaltung und Verschaltung‘ (Galloway 2011, S. 238).

Auch das also, was in jüngeren Diskussionen als „Post-Interface" bezeichnet worden ist, funktioniert in dieser Abhängigkeit. Jene „Medien, die eben nicht mehr den aktiven und am Interface operierenden *User* voraussetzen, sondern einen Körper erwarten, der gerade durch seine Passivität und im Modus dieser Passivität zu einem Ausgang medialer Operationen werden kann" (Andreas/Kasprowicz/Rieger 2018, S. 8–9, Herv.i.O.), bleiben abhängig vom Zusammenhang zwischen Interfaces und Prozessen des Leitens. Deshalb sprechen Christian-Ulrik Andersen und Søren Pold (2018, S. 10) vom „metainterface":

> Although the interface may seem to evade perception, and become global (everywhere) and generalized (in everything), it still holds a textuality: there still is a metainterface to the displaced interface.

Die Frage ist nur, ob und wie die verborgenen Interface-Ebenen und Leitungsprozesse erschlossen werden können. Auf diese Schwierigkeit weist sowohl die Rede vom Post- wie auch vom Meta-Interface hin. Genau darin liegt die Aufgabe einer Kritik der Digitalität: Sie besteht im Versuch, die mannigfachen und miteinander verbundenen Interface-Ebenen und physikalischen wie ideologischen Leitungsprozesse aufzuspüren und zu erschließen, dank denen Computer laufen, für Zwecke bestimmt und genutzt werden, sich vernetzend ausbreiten sowie auch einbetten lassen und zu einer mit Sensoren verstärkten Eigendynamik bestimmt werden.

Wenn, so meine These, die Gesamtheit und Eigenart der Bedingungen und Folgen elektronischer Digitalcomputer in all ihren Formen von den genannten Interface-Ebenen und Feldern des Leitens abhängt, dann kann hier die Kritik ihren Ansatzpunkt

finden. Mein Vorschlag ist also, eine Kritik der Digitalität mit
Interface-Analysen zu beginnen.

Die Vielschichtigkeit und sowohl historische wie auch
technische Verbundenheit der Begriffe *Interface* und *Leiten* sind
dabei der eigentliche Vorteil, weil sie einen besonderen Fragehorizont öffnen. Die Frage nach Interfaces zielt sowohl auf
präsente, adressierbare Bedingungen und Prozesse des Leitens
(die z. B. beim Touchscreen meines Smartphones auf der Hand
liegen), als auch auf verborgene Prozesse (dank denen z. B. die
Internetverbindungen meines Smartphones und seine Modi des
Sensing laufen) und in gleicher Weise auf die Komplexität des
Miteinanders, das sie ausbilden.

Die Herausforderung und Zumutung, das Phänomen der
Digitalität in Gestalt der zunehmenden Computerisierung analytisch anzugehen, bekommt durch diesen Ansatz eine bewusst
offene Methode – oder genauer gesagt: einen Fragemodus. Er
besteht darin, bei einer Ebene des Interface-Komplexes anzusetzen, um von hier aus nach den damit verbundenen weiteren
Interfaces und Prozessen des Leitens zu fragen.

Eine Herausforderung wird Methode. Es ist gerade die
Komplexität des Interface-Konzepts und seiner Formen des
Leitens, die dazu herausfordert, stets nach den weiteren, (noch)
nicht erschlossenen Interface-Ebenen jenes Phänomens zu
fragen, mit dem eine Analyse begonnen hat. Welche Interfaces
sind noch im Spiel? Welche Prozesse des Leitens gehören noch
dazu?

Damit ist nicht gesagt, alle Interface-Ebenen ließen sich
dadurch auch erschließen. Dieser Fragemodus verspricht keine
komplette Ein- und Übersicht, keine Transparenz, als ob sich
nichts diesen Fragen entziehen könnte. Vielmehr führt dieser
Ansatz präzise zu dem, was sich (meinen jeweiligen Ana-
lysemöglichkeiten) entzieht. Er motiviert die Frage nach den
Zusammenhängen zwischen Entzug und Präsenz und kann so
– eingedenk der unterschiedlichen Interface-Ebenen und Felder
des Leitens – auch dabei helfen, andere Disziplinen auf der
Suche nach Antworten gezielt zu beteiligen.

So kontert dieser Fragehorizont und -modus radikal die
immateriellen Anteile der Digitalizität. Schon die Begriffs-

geschichte des Interface, ihr Weg vom Leit- und Fließvermögen bis zum Mensch-Computer-Interface, bricht mit dem „Mythos der Entkörperung im Digitalen" (Robben 2012, S. 20). Die Frage nach Interfaces als besondere Leit-Medien ruft die Materialität von Verbindungen und die Abhängigkeit von Elektrizität notwendig in den Sinn.

Das gilt erst recht, wenn es um das Wirken der bisweilen so magisch konnotierten Algorithmen geht. Sie werden nur im Schalten und Leiten wahr – sind nichts anderes als (Teil-)Schritte des Programms eines Computers, „verkörpert in seinen Stromzuständen" (Krämer 2003, S. 172). Algorithmus und Stromverbrauch sind untrennbar.

Prozesse der Computerisierung sind darum nicht nur Antworten auf den anthropogenen Klimawandel, indem z. B. *Smart Cities* durch „intelligente" Ampelschaltungen und Verkehrskonzepte CO_2-Emissionen reduzieren und Online-Konferenzen Dienstreisen ersetzen. Sie sind zugleich Teil des Problems. Den massiv gestiegenen Einsatz von Streaming-Plattformen während des Corona-Lockdown 2020 hat Laura U. Marks zum Anlass genommen, eine anschauliche Rechnung aufzustellen. Sie hat den Kohlenstoff-Fußabdruck der beliebten Netflix-Miniserie *Tiger King* überschlagen, die in den USA in nur zehn Tagen im März 2020 etwa 34.000.000 Mal gestreamt wurde. Die dafür aufgewendete Gesamtenergie entsprach „dem Stromverbrauch Ruandas im Jahr 2016" (Marks 2020).

Eine andere Realität und Materialität von Leitungsprozessen betrifft die Frage nach Interfaces, wenn sich die Automatisierung des maschinellen Lernens als „heteromation" (Ekbia/Nardi 2017) entpuppt – wenn das vermeintlich selbständige Wirken der Computer unter „soziotechnischen Voraussetzungen" (Mühlhoff 2019) und konkret durch „Clickworker*innen […] über eine Serie von Interfaces" (Kaerlein 2020, S. 53) gelei(s)tet wird. Wie 2019 bekannt wurde, beschäftigt Amazon Tausende von Menschen weltweit, die mithören, was *Alexa* erfasst, um die digitale Sprachassistenz zu verbessern. Im Zuge der Enthüllung erwiesen sich ähnliche Abhörverfahren auch bei Apple, Google, Microsoft und Facebook als gängige Praxis (vgl. Bodoni 2019). *Easy Listening:* Die Beschäftigten prüfen und kommentieren,

was aufgezeichnet und automatisch transkribiert wird, um
‚Lücken im Verständnis menschlicher Sprache zu schließen'
(Day/Turner/Drozdiak 2019). Auch hier, in diesen Verfahren
des Abhörens und Eingebens, könnte eine Interface-Analyse
beginnen.

Sie würde damit an konkreten Beispielen das Verhältnis zwischen *Subface* und *Surface* angehen. Beginnend mit
einfachen, schlecht bezahlten Aufgaben, damit sich das entwickeln kann, was als „Künstliche Intelligenz" so weit weg vom
Menschen erscheint. Die unsichtbare, vermeintlich autonome
Entscheidungsarbeit der KI, mit der die immaterielle Magie der
Digitalität weiter an Einfluss gewinnt, beruht auch in dieser
Beziehung auf ihrem Gegenteil. Es steckt (menschliche) Inter-
face-Arbeit – auf allen Ebenen – in dieser Intelligenz:

> This kind of invisible, hidden labor, outsourced or crowdsourced,
> hidden behind interfaces and camouflaged within algorithmic
> processes is now commonplace, particularly in the process of tagging
> and labeling thousands of hours of digital archives for the sake of
> feeding the neural networks. Sometimes this labor is entirely unpaid,
> as in the case of the Google's reCAPTCHA. In a paradox that many
> of us have experienced, in order to prove that you are not artificial
> agent, you are forced to train Google's image recognition AI system
> for free, by selecting multiple boxes that contain street numbers, or
> cars, or houses. (Crawford/Joler 2018).

Verfahren automatisierter Bilderkennung werfen ähnliche
Fragen auf. Das von der Europäischen Union geförderte
Projekt „iBorderCtrl", das ein automatisiertes EU-Grenzschutz-
system entwickelt und testet, gibt dafür ein Beispiel. Eine Interface-Analyse zu den verborgenen KI- bzw. ADM-Verfahren
der Gesichtserkennung durch „iBorderCtrl" (vgl. iBorderCtrl
2016a; O'Shea 2018; Wolfangel 2018), mit dem bei EU-Grenz-
kontrollen u. a. Lügen automatisch erkannt werden sollen,
könnte vom anleitende Anschauungsmaterial ausgehen: vom
Trainingsset, mit dem das Netzwerk angeleitet wurde, Muster
zu erkennen und sich dabei weiter zu entwickeln. Von hier aus
wären die weiteren, vielschichtigen Interface-Prozesse der
iBorderCtrl-Konzeptarchitektur (vgl. Abb. 2.4) zu befragen,
welche die Registrierung über die Traveller User Application

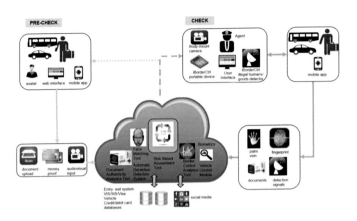

Abb. 2.4 iBorderCtrl: die (Interface-)Ebenen der Konzeptarchitektur (iBorderCtrl 2016b)

(TUA) – eine App mit „traveller user interface" –, den Daten-austausch mit der iBorderCtrl-Datenbank und das „Automatic Deception Detection System" (iBorderCtrl 2016a) in Funktion setzen.

Was als Gesicht und was als aufrichtig gelten soll, wird dabei ebenso wichtig wie das Verfahren der Aufmerksamkeit, mit dem ein KI- oder ADM-System das ausgewählte Bildmaterial dann analysiert (vgl. Gallagher/Jona 2019). Um z. B. diese Beziehung zwischen Trainingsset und algorithmischer Entscheidungs-findung zu untersuchen, bietet sich die 2019 vorgestellte „Spectral Relevance Analysis" (SpRAy) an, die in der Lage ist, ‚ein breites Spektrum erlernten Entscheidungsverhaltens zu erkennen' (Lapuschkin et al. 2019, S. 3) und mit Heatmaps sichtbar zu machen.

Auch die Apps zur Erfassung und Kontrolle der COVID-19-Pandemie fordern Interface-Analysen heraus. Schon die ersten zwei Schritte hin zum „Erkennen" der Gesundheitslage, mit dem das Robert Koch-Institut die „Corona-Datenspende"-App erklärte, zeigt exemplarisch, wie hier Interface-Prozesse auf-einander folgen und voneinander abhängig sind (vgl. RKI 2020b und Abb. 2.5).

Abb. 2.5 „Das
passiert…": Grafik
zur App „Corona-
Datenspende" des
Robert Koch-Instituts
(RKI 2020b)

Der Übergang von Schritt 1 („Daten sammeln"), der auf die sensorischen Hardware-Interfaces der Fitnessarmbänder und Smartwatches sowie deren Software setzt, zu Schritt 2 („Über-mitteln"), bei dem „die gesammelten Daten vom Robert Koch-Institut pseudonymisiert und verschlüsselt abgefragt" werden, markiert prekäre Verbindungen: den Übergang von sensorischen Mensch-Maschine-Interfaces und Hardware-Software-Interfaces dieser „Wearables" hin zu jenen Interface-Prozessen, welche die Übertragung der Daten leisten, nach der dann „neuartige Algorithmen" dieselben auswerten (vgl. Abb. 2.5). Die Fragen der Funktionalität und Effektivität dieser Interface-Prozesse und danach, wer diese kontrolliert, sind sowohl für die Entwicklung dieser App zentral als auch für die Kritik dieser Anwendung als „Vollüberwachung" (Bock et al. 2020, S. 34).

Eine Disziplin, die dabei für die detaillierte Analyse konkreter Apps wie z. B. die „Traveller User Application" und die „Corona-Datenspende" einbezogen werden sollte, sind die im Entstehen begriffenen *App Studies.* Diese betont empirische Forschungsrichtung, die seit Ende der 2010er Jahre Ansätze der *Science and Technology Studies, Software Studies, Platform Studies* und *Infrastructure Studies* mit kultur- und medienwissenschaftlichen Fragen verbindet, beinhaltet „walkthrough"-Analysen von Apps und ihrer „user interfaces" (Light/Burgess/ Duguay 2018). Das Ziel dieser „step-by-step observation and documentation of an app's screens, features and flows of activity" besteht im Verlangsamen und Festhalten der alltäglichen Aktionen und Interaktionen beim Gebrauch einer App, um sie für eine kritische Analyse zu nutzen (ebd., S. 882).

In diesem Sinne haben Michael Dieter und Nathaniel Tkacz die bisherigen Ansätze als „digital cultural studies walkthrough", „data-centric walkthrough" und „,post-phenomenological' walkthrough" unterschieden und daraus einen „designerly walkthrough" (Dieter/Tkacz 2020) erarbeitet, der Teilperspektiven der anderen Schritt-für-Schritt-Analysen für die Untersuchung von „Banking Apps" nutzbar macht. Auch in Esther Weltevredes und Fieke Jansens empirischer Analyse von Dating-Apps kommt die *walkthrough*-Methode zum Einsatz. Sie wird hier durch weitere Techniken wie „Network Sniffing" und „Packet Inspection" ergänzt, die dabei helfen, die laufenden Netzwerkverbindungen und Datenflüsse zu dritten Parteien jenseits von App-Anbieter und „User" zu ermitteln (vgl. Weltevrede/Jansen 2019). Die Analyse der Datenflüsse, die insbesondere durch die Application Programming Interfaces der Apps vorbereitet werden, gibt Aufschluss über eine neue Daten-Ökonomie – über Apps als ‚Datenobjekte' und ihre Aktivitäten als ‚Zwischenhändler von Daten'(ebd.).

Was in dieser Ausprägung der *App Studies* für die weitere Entwicklung empirischer Interface-Analysen besonders interessant wird, ist die vergleichende Untersuchung von Graphical User Interfaces und Application Programming Interfaces. Weltevredes und Jansens „comparative interface analysis" (ebd.) besteht in dem Vergleich, welche Daten durch

das Graphical User Interface (für mich als „User") und welche
Daten durch das Application Programming Interface (für Dritte)
zugänglich werden. Das Verhältnis dieser programmatischen Verbindungen, um Daten weiterzuleiten, wird in Visualisierungen
präsentiert (vgl. Abb. 2.6). Am Beispiel der weltweit populären
Dating-App „Tinder" zeigt sich so ein massives Ungleichgewicht
zugunsten des Application Programming Interface.

Interface-Analysen – darauf laufen alle diese Anlässe und
Beispiele hinaus – gehen von der Komplexität miteinander
wirkender Ebenen des Leitens aus und auf diese zu, indem sie
an einer dieser Ebenen ansetzen. Sie können dort beginnen, wo

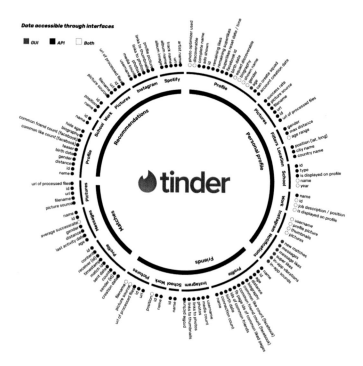

Abb. 2.6 Die Ergebnisse der vergleichenden Daten-Analyse von Graphical
User Interfaces und Application Programming Interfaces bei „Tinder"
(Weltevrede/Jansen 2019)

offensiv auf Depräsentation gesetzt wird und z. B. nach den Beziehungen zwischen Inszenierungen von User-Interfaces und jenen materiellen wie auch ideologischen Bedingungen fragen, die sie wirksam werden lassen. Sie können aber auch gerade dort einhaken, wo User-Interfaces (ver)schwinden.

Interfaces und Leitungsprozesse sind also nicht bereits die Antwort auf die Frage, was Digitalität und die gegenwärtige Computerisierung ausmacht oder gar bedeutet. Als Methode, als Fragemodus bietet das konzeptuelle Miteinander von *Interface* und *Leiten* allerdings insofern eine Antwort auf die drängende Komplexität dieser Gegenwart, als es seinerseits darauf drängt, die unterschiedlichen Ebenen dieser Komplexität nach ihren Beziehungen zueinander zu befragen. Anders gesagt: Mit dem Interface kann eine Kritik der Digitalität etwas anfangen. Wer wo beginnt, ist damit nicht festgelegt.

Programm und Alltag

3

Inhaltsverzeichnis

3.1 Teilhabe (Spiel- und Zwischenräume)

Digitalität ist ein Komplex, der mich einbezieht. Die Computerisierung ist ein Phänomen, an dem ich mitwirke. Kritik fordert ihrerseits eine Beteiligung heraus, die das Erkunden der eigenen Verflechtung ebenso meint wie die Einladung zur Teilhabe am kritischen Prozess.

Die bisherigen Überlegungen laufen darauf hinaus, jene Zumutung, die Digitalität aus vielen Gründen bedeutet, für ihre Kritik an- und aufzunehmen. Warum ich dabei der Betonung der Bürden viel Raum gegeben habe, hängt sowohl mit der beschriebenen Komplexität als auch mit der Idee von Kritik zusammen, um die es hier geht. Sie soll sich nicht im Verfahren eines zu vermittelnden Urteils und im gewohnten Gestus einer Autorität vollziehen, die aus der Distanz der Überwindung Schlüsse präsentiert. Stattdessen scheint es mir so angemessen

© Springer Fachmedien Wiesbaden GmbH, ein Teil von Springer
Nature 2021
J. Distelmeyer, *Kritik der Digitalität,*
Medienwissenschaft: Einführungen kompakt,
https://doi.org/10.1007/978-3-658-31367-8_3

wie hilfreich, die Kritik der Digitalität gerade von den damit
verbundenen Schwierigkeiten aus anzugehen. Sie führen zu den
zahlreichen Verstrickungen, die es aufzuschlüsseln gilt.

Um für eine solche Kritik einen Ansatz zu entwickeln, der als
Fragemodus die Komplexität zu erschließen hilft, habe ich die
Begriffe *Interface* und *Leiten* in neue Zusammenhänge gestellt.
Die Fragen nach den unterschiedlichen Ebenen der Interfaces
und den Feldern des Leitens räumen ein, Interface-Analysen auf
jeder möglichen Ebene anzugehen: bei Hardware-Hardware-,
Hardware-Software- oder Software-Software-Interfaces sowie bei
jenen Interfaces, die zwischen Hardware/Software-Konstellationen
und jener (Nicht-Computer-)Welt vermitteln, zu der wir dann
als „User", als Programmiererin und als *Sensing*-Objekt zählen
mögen.

Das abschließende Beispiel, mit dem ich einen Anfang einer
solchen Interface-Analyse skizzieren will, startet in diesem
Rahmen der Hardware/Software-Welt-Beziehungen. Anhand
des Smartphones und der sich damit verändernden Interface-
Prozesse wird es mir darum gehen, ausgehend von User-Interfaces auch jene Ebenen und Felder zu befragen, die sich im
Gebrauch dem (inter-)aktiven Zugang entziehen und dennoch,
wie ich zeigen möchte, zu bemerkenswerten Anteilen in dem
verhandelt werden, was sich alltäglich zum Gebrauch anbietet
und also im doppelten Sinne gebräuchlich ist.

Dazu muss das Verständnis der etablierten Kategorie
„User-Interface" etwas erweitert werden. Ein unidirektionaler
Gebrauch jedenfalls hat hier längst Feierabend. Das traditionell
als *Usability* deklarierte Verfahren, bei dem ich Computer
bewusst zu bestimmten Zwecken in Gebrauch nehme, ist heute
so gestaltet, dass meine Nutzung auch für die Erfassung und
Auswertung meiner Daten von Nutzen ist:

> By individuating us and also integrating us into a totality, their
> interfaces offer us a form of mapping, of storing files central to our
> seemingly sovereign – empowered –subjectivity. By interacting with
> these interfaces, we are also mapped: data-driven machine learning
> algorithms process our collective data traces in order to discover
> underlying patterns […]. (Chun 2013, S. 9).

Nutzen wird längst beidseitig bemessen. *Usability* ist auch *Sensing* und *Capture.* Genau diese Ausweitung dessen, was ehedem als Gebrauchstauglichkeit gehandelt wurde, ist der erste Grund, warum es mir sinnvoll und nötig erscheint, auf dieser Ebene einzusetzen.

Im zweiten Grund fallen die Alltäglichkeit von Digitalität und Computerisierung mit dem Ansatz zusammen, Kritik als beteiligte Entfaltung ihrer Sorge zu verstehen. An der alltäglichen Digitalität und ihrem Ausbau als Computerisierung sind Menschen weltweit in unterschiedlichen Ausmaßen beteiligt.

Abgesehen davon, dass die Effekte der Computerisierung auf vielfältige Weise – in Form von ökonomischen, sozialen und ökologischen Folgen – auch jene erreichen, die nicht über eigene Geräte verfügen, wächst der Anteil der Computer- und Internet-Nutzung weltweit kontinuierlich. Für 2018 wurde geschätzt, dass fast die Hälfte (48,3 %) aller privaten Haushalte über mindestens einen Computer verfügten, mehr als 5 Mrd. Menschen Mobiltelefone (über die Hälfte davon Smartphones) besitzen und über 57 % der Weltbevölkerung das Internet benutzen (vgl. Holst 2019; Taylor/Silver 2019, S. 3; MMG 2019). In Deutschland verfügen rund 90 % aller Haushalte über mindestens einen Computer, besitzen 78 % aller Erwachsenen und 97 % der 12- bis 19-Jährigen ein Smartphone und nutzen es davon 93 % täglich (vgl. Tenzer 2018; Taylor/Silver 2019, S. 3; RatKuBi 2019, S. 14).

Wenn diese Statistiken erlauben, von einem Wir zu sprechen, das es mit konkreten Erscheinungsformen von Digitalität und ihren verborgenen Prozessen tagtäglich zu tun bekommt, dann sind wir es auch, die eine tragende Säule der Computerisierung bilden. Wir tragen dazu bei, indem wir unsere Geräte besorgen und im Umgang mit ihnen sowohl unsere Ziele verfolgen als auch gleichzeitig unseren Teil der Arbeit im *Capture-*Kapitalismus leisten. Unsere Teilhabe erzeugt und formt den Komplex der Digitalität (mit-)entscheidend. Wir sind mitverantwortlich für seine Entwicklung. Schon aufgrund dieser gebräuchlichen Beteiligung ist es sinnvoll, dort einzuhaken, wo sie sich am offensichtlichsten vollzieht: im alltäglichen Umgang.

An den Erscheinungsformen und Operationen der Mensch-
Computer(isierung)-Interfaces anzusetzen, folgt daher zugleich
der hier vertretenen Idee von Kritik. Als Entfaltung ihrer Sorge
fordert die Kritik der Digitalität, die eigene Beteiligung im
Denken und Handeln offensiv zu berücksichtigen – als Versuch
einer „Eroberung der Freiheit in unserer Verflechtung" (Garcés
2008) und „Entautomatisierung" (Doll 2014, S. 246). Dort zu
beginnen, wo uns Digitalität alltäglich begegnet, unterstützt und
an ihren Prozessen (sowie ihrer Prosperität) beteiligt, scheint mir
für den exemplarischen Anfang einer Interface-Analyse auch
darum folgerichtig. Es liegt – in praktischer wie theoretischer
Konsequenz – nahe.

Schließlich spricht ebenso die zweite Form der Beteiligung,
die solche Kritik einräumen will, für einen Beginn im Gebräuchlichen. Um die Beteiligung anderer, vielleicht nochmal: unsere
Beteiligung, zu ermöglichen, strebt diese Kritik sowohl in ihrer
Rhetorik als auch in ihrer Systematik die Öffnung einer Diskussion an. In so arrangierten „Arenen" (Latour 2007, S. 55)
oder, etwas weniger spektakulär und zirzensisch, Zwischenräumen (Rouvroy 2013, S. 160) wird Kritik zur Einladung, sich
anders als affirmativ zu beteiligen. Mein Vorschlag und Beispiel besteht deshalb darin, die durch Interfaces ermöglichten
alltäglichen Umgangsformen als einen solchen Zwischenraum
zu nutzen. Als eine neue, nicht vorgesehene Wendung von
Gebrauch.

Was die Inszenierung solcher, nun neu und als doppelt nütz-
lich verstandenen, Interfaces für eine Kritik der Digitalität
aufschließen kann, hat das zweite Kapitel bereits angesprochen.
Solche Inszenierungen bedingter Handlungsräume verschließen
und erschließen zugleich. In ihrer noch populärsten und noch
dominanten Erscheinungsform, den Graphical User Interfaces, wirken operative Leit-Bilder, die depräsentierend Machtansprüche erfüllen und entziehen.

Hier, zwischen Verfügen und Sichfügen, ist ein Zwischenraum zu besetzen: In dem, was ich tun kann, begegnen mir
leitende Vorstellungen, wie mein Verhältnis als Mensch zu (derart) programmierter Computertechnologie gestaltet, verstanden

und be-greifbar sein soll. In der Ästhetik der Verfügung offenbart sich etwas von jenen Prozessen der Digitalität, an denen teilzuhaben, mitzuarbeiten und auch von denen zu profitieren ich eingeladen und aufgefordert bin.

Das ästhetische Erscheinen von Software (als Interface-Inszenierungen) für die Entwicklung von Kritik zu nutzen, ist indes keine neue Idee. Seit Mitte der 2010er Jahre ist gerade in der deutschsprachigen Medienwissenschaft dazu viel erschienen (vgl. u. a. Hadler/Haupt 2016; Distelmeyer 2017; Ernst/Schröter 2017; Kaerlein 2018; Hadler/Soiné/Irrgang 2018 + 2019; Wirth 2021). Und bereits seit den 1980er Jahren haben Arbeiten von z. B. Frieder Nake (1986), Reinhard Budde und Heinz Züllighofen (1990), Cynthia und Richard Selfe (1994), Wendy Chun (2006), Alexander Galloway (2006) sowie Christian Ulrik Andersen und Søren Pold (2012) auf dieses Kritikpotenzial hingewiesen.

„Software-Werkzeuge *erschließen uns* im Umgang *unseren Arbeitsgegenstand, das Programmier-Material. Sie werden so zum* Erkenntnismittel.", lautet hierzu eine besonders optimistische Formulierung der Informatiker Budde und Züllighofen (1990, S. 134, Herv.i.O.). Ihre Analyse von in Betrieben eingesetzten Software-Systemen führt sie zu den Modellen, die der Programmierung zugrunde lagen und nun in der alltäglichen Anwendung den Betrieb prägen:

> Erst mit Blick auf die hier ausgebreiteten Überlegungen wurde uns klar, daß in der täglichen Arbeit eines Bürobetriebs *Modelle* eines dort verwalteten Arbeitszusammenhangs für die Büroangestellten das gleiche Maß an Realität haben, wie die von ihnen verwaltete Arbeitssituation für die daran unmittelbar Beteiligten. (Budde/Züllighofen 1990, S. 135, Herv.i.O.)

Ihre Sicht auf Software-Werkzeuge als Erkenntnismittel bildet damit das stark von Heidegger geprägte Kontrastprogramm zu Kittlers Kritik der Oberflächeneffekte. Beide Positionen finden zusammen im Konzept der Depräsentation. Es bezeichnet die Gleichzeitigkeit der Möglichkeiten, unendlich von den verborgenen Prozessen der internen Telegrafie fortzukommen und

unendlich zurückzukommen zu den präsentierten Prozessen
ihrer Anschaulich- und Nutzbarkeit. In der Depräsentation wird
Computertechnologie (für Menschen) im kierkegaardschen
Sinne „konkret" – als Bewegung zwischen Gegensätzen und
als unabgeschlossener Prozess (Kierkegaard 1986, S. 28;
Distelmeyer 2017, S. 31–32).

Im Umgang mit Mensch-Computer(isierung)-Interfaces
bleiben die darunter und darüber hinaus wirkenden Interface-
Ebenen und Leitungsfelder verborgen. Aber sie können gerade
mittels ihrer An-Zeichen und ihrer zur Teilhabe einladenden
Operationsweisen auch darauf hin befragt werden, was sich hier
an Interfaces und Prozessen des Leitens nicht zeigt, aber doch
(wie?) im Spiele sein muss, damit die Operationen gelingen
können.

Unsere konkrete Teilhabe an diesen Prozessen ist mehr als
ein Verblendungszusammenhang. Sie ist mehr und darum auch
verantwortungsvoller als die Rolle von Untertanen in „interfacial
regimes" (Bratton 2016, S. 229), einer Form von Herrschaft,
die im Sinne des vergleichsweise eindimensionalen Dispositiv-
Begriffs von Giorgio Agamben eindeutige, planbare Effekte von
Subjektivierung produzieren (vgl. Agamben 2008; Distelmeyer
2017, S. 51–64).

Graphical User Interfaces, so Benjamin Bratton (2016,
S. 225) mit Bezug zu Agamben, „don't only mirror preexisting
User intentions; as whole interfacial regimes (such as Windows
or iOS or Bloomberg Terminal, etc.), they also train thought
toward certain ways of interpreting that environment through
the repetition of represented interactions." Doch so offensichtlich Interface-Inszenierungen auch anstreben, in Menschen
bestimmte Vorstellungen zu erzeugen: Diese Interface-
Konstellationen sind keine Einbahnstraßen der Herrschaft,
sondern Spielräume der Macht. Sie binden mich ein und haben
genau dabei *Spiel*. So bieten sie – und hier liegt der zentrale
Unterschied zu Agambens Dispositiv-Konzept – im Mitwirken immer schon auch eine Auseinandersetzung an, die sich
dem Herrschaftsanspruch des Geplanten entziehen und dann
wiederum Rejustierungen des Dispositivs als „strategische[]

Wiederauffüllung" (Foucault 1978, S. 121) und weitere ungeplante Konsequenzen zur Folge haben kann.

Interface-Inszenierungen machen Digitalität exemplarisch und depräsentierend konkret. Sie erschließen und verschließen, erzeugen Nähe und Distanz, indem sie sich an Menschen richten. Genau das aber, die Ausrichtung auf Menschen, ist längst ein im Schwinden begriffener Schwerpunkt der Computerisierung. Daraus ergibt sich der dritte Grund, mein Beispiel mit Graphical User Interfaces zu beginnen.

Die Entwicklungen eines Internets der Dinge, von *Smart Cities,* neuer Verfahren des *Sensing* und vor allem die forcierte Eigendynamik der Computerisierung durch *Machine Learning* sind auf zunehmende Automation angelegt. Nicht nur Menschen, sondern Computer(-Netzwerke) und von ihnen gesteuerte Apparate stehen im Zentrum von Operationen und Vermittlungs-ebenen. Schon lange. Der in den Jahren 2000 bis 2006 ent-wickelte algorithmische Hochfrequenzhandel prägt bis heute die Entwicklung der globalen Börsen (vgl. Gresser 2018, S. 10–11).

Auch was die Sensoren meines Smartphones an Daten über meine Bewegungen, Aktionen und ein daraus abzuleitendes Profil gewinnen, muss mir nicht depräsentiert werden, um daraus gleichwohl reale Folgen für mich zu generieren. Dieser Schritt ist technisch unnötig und sein Fehlen, also die Unmerklichkeit von Daten-Erfassung und -Auswertung zu ebenso verborgenen Zwecken, darum ein Politikum.

Insbesondere gilt das für die Entscheidungsprozesse Künst-licher Neuronaler Netze, die auch die Entwickler*innen dieser Form algorithmischer Entscheidungsfindung vor das Problem stellen, nur mehr die Ergebnisse nicht im Einzelnen nach-vollziehbarer Software-Schritte vor sich zu haben. Die Suche nach zumindest rückwirkender Aufschlüsselung der Prozesse, eine Art Algorithmen-Archäologie, läuft unter dem Schlag-wort „Explainable AI" und der Entwicklung von „Artificial Intelligence" (AI) hinterher (vgl. Beuth 2018; Lapuschkin et al. 2019). Daraus folgert AlgorithmWatch (2018):

Prozesse algorithmischer Entscheidungsfindung (algorithmic decision making, ADM) gehören längst zum täglichen Leben; zukünftig werden sie noch eine viel größere Rolle spielen. Sie bergen enorme Gefahren und bieten enorme Chancen. Dass ADM-Prozesse dem Blick derjenigen entzogen werden, die von ihnen betroffen sind, ist kein Naturgesetz. Es muss sich ändern.

Die Tendenz der Mensch-Computer(isierung)-Interfaces, keine noch so arbiträre, verschleiernde oder zielführende Vermittlungsarbeit in Gestalt von Interface-Inszenierungen mehr leisten zu müssen, um dennoch „Interaktion" zu prozessieren, nimmt weitere Formen an. Der futuristische Teil dieser Entwicklung sind Brain-Computer-Interfaces bzw. Brain-Machine-Interfaces (BMI), die etwa von Facebook und Elon Musks Firma Neuralink vorangetrieben werden. Während Mark Zuckerbergs Vorstellungen eines „brain click", von „typing with your mind" und von „to allow people to use their thoughts to navigate intuitively through augmented reality" (Cohen 2019) durch Elektroden auf der Kopfhaut funktionieren sollen, strebt Musk „einen direkten Weg zu den Neuronen in der Großhirnrinde" an – eine invasive Kopplung „über die Venen und Arterien [...], die die Neurone mit Blut versorgen" (Eckoldt 2018).

Bereits 1945 hatte Vannevar Bush (2007, S. 124) in seinem berühmten Aufsatz „As We May Think" vergleichbare Ideen mit „ein paar am Schädel befestigten Elektroden" nahegelegt. Solche älteren und neuen Vision der Brain-Computer-Interfaces streben nach einer technisch gekoppelten Unmittelbarkeit. So kann der Interface-Komplex auf Inszenierungen, auf eine „Interface-Mise-en-scène" (Distelmeyer 2017, S. 81–82) verzichten, wenn diese kybernetische Konstellation einen direkten Datenfluss, eine neue Intimität generiert.

Wie wir sprechen. Die Umgehung des alten Zwangs zur Visualisierung, der seit der Durchsetzung des Graphical User Interface Mitte der 1980er Jahre Gebrauchstauglichkeit an Verständlichkeit koppelte, läuft längst jenseits solcher Visionen. Sprachsteuerung, Ende der 2010er Jahre vor allem im Umgang mit Smartphones und als Sprachassistenz in Wohnräumen und Autos populär, zelebriert neue (und zugleich alte) Umgangsformen.

Alexa! Hey Siri! Die Anrufung richtet sich an Sprach-Inter-
faces, die zumeist ganz „in der Tradition des dienstbaren weib-
lichen Geistes" (Angerer/Bösel 2015, S. 54) gestaltet sind und
dann auch dementsprechend devot reagieren: „As an example, in
response to the remark ‚You're a bitch', Apple's Siri responded:
‚I'd blush if I could'." (UNESCO 2019, S. 107) Das funktioniert,
indem zwei Sorten Code zusammenzufallen scheinen:
menschensprachlicher und maschinensprachlicher.

Hier erfüllt sich das „Yes, Sir"-Prinzip der Programmierbarkeit als klare Ansage. Menschen- und Maschinenkommunikation
scheinen eins zu werden, weil meine sprachliche Anweisung
ohne sicht- oder hörbare Zwischeninstanz zum Befehl für die
programmierte Maschine wird. Software muss hier nicht mehr
(so) in Erscheinung treten. Keine depräsentierenden Zeichen
schieben sich auffällig dazwischen. Ich spreche so „direkt" (also
sensorisch vermittelt und algorithmisch interpretiert) wie diese
sogenannten *Natural User Interfaces* „natürlich" (also nach dem
Modell Mensch gestaltet) sind.

In diesem Sinne beschreibt Till A. Heilmann eine Zukunft,
in der Spracheingabe zum vorherrschenden Modus im Umgang
mit Digitalcomputern wird. Die „bislang dominierenden, vor-
wiegend grafischen und für Tastatur-, Maus-, Finger- oder
Gestensteuerung ausgelegten Schnittstellen der einzelnen
Programme" würden damit verdrängt:

> Software, gedacht als Summe der von den informatischen Konsu-
> mentinnen jeweils in Anspruch genommenen Betriebssysteme,
> Anwendungsprogramme, Apps, Online-Services usw., würde sich
> dadurch auf eine im Gebrauch weitgehend ‚unsichtbare' Sammlung
> von Hintergrunddiensten reduzieren. Sie ginge ästhetisch in der
> „Umgebung aus Alltagssprachen" auf, an die sie bisher eher
> umwegig über Tastaturen, Icons, Zeigegeräte, Programmfenster usw.
> angeschlossen ist, und würde von ihr in letzter Konsequenz ununter-
> scheidbar. (Heilmann 2018, S. 177)

Der Gedanke, dass sich Computer durch den direkten Umweg
über Spracherkennung „endgültig in *black boxes*" (ebd., Herv.i.O.)
verwandeln könnten, ist für eine Kritik der Digitalität und das von

mir gewählte Beispiel gebräuchlicher Interface-Inszenierungen wichtig. Er beruht auf dem potenziellen Verschwinden von Depräsentation. Natürlich existiert Software als „auf Hardware laufender Code" auch dann weiter, nur ginge sie damit „ihrer alten Gestalt als eigenartiges Oberflächenphänomen tendenziell verlustig" (ebd.).

So bahnt sich eine Umwälzung an: Interface-Inszenierungen, die Software mittels operativer Leit-Bilder als eigenartiges Oberflächenphänomen zum Erscheinen bringen, werden (auch) ein historisches Phänomen. Die raumgreifende Dominanz dieser Form von Depräsentation, die sich in den 1980er Jahren so massiv durchsetzte, löst sich langsam auf. Auch dieser historischen Dimension wegen drängt sich mir auf, Interface-Analysen mit Graphical User Interfaces zu beginnen.

Denn nur solange noch Vermittlungsbedarf besteht, Software in einem irgendwie verständlichen, d. h. Eingaben ermöglichenden Sinne anders erscheinen zu lassen als nur in ihrem effektiven Vollzug, besteht der damit eigenartig eröffnete Zwischen- und Spielraum. Bevor er sich hier schließt, während er sich auf der medialen Ebene von Sprache und Gestik neu öffnet, kann Kritik etwas damit anfangen.

3.2 App-Ordnung (vom Objekt zum Prozess)

Als 2007 das iPhone eingeführt wurde, war dies der Beginn einer neuen Massenbeteiligung an der Computerisierung. Damals begann nicht die Geschichte des Smartphones, die bis in die 1990er Jahre zurückreicht. Die Erfolgsgeschichte „digitaler Nahkörpertechnologien" aber nahm hier als mobile, vollwertige, vernetzte und sensorische Computer eine neue, bis heute bedeutende Form an (vgl. Kaerlein 2018, S. 39–42). Als Vorbild für Smartphones und Tabletcomputer diverser Konzerne etablierte das iPhone ein Verhältnis zwischen Menschen und Computertechnologie, das auf neue Prozesse des Leitens setzte (vgl. Abb. 3.1).

Abb. 3.1 Neue Prozesse des Leitens: die Ankündigung des iPhone im Januar 2007 unter www.apple.com/iphone

Zwei Aspekte drängen dabei – nicht zuletzt durch Werbe-präsentationen – in den Vordergrund: der kapazitative Touchscreen und das damit zu bedienende Interface-Design. „In short," hat Pelle Snickars (2012, S. 155–156) mit dem Rückblick auf Lev Grossmans Lob des iPhone als „Invention of the Year" 2007 zusammengefasst, „Apple's engineers used the touchscreen to sort of innovate past the GUI, which Apple once pioneered with the Mac, to create ‚a whole new kind of interface, a tactile one that gives users the illusion of actually physically manipulating data with their hands.'"

Der Touchscreen, ebensowenig bei Apple erfunden wie ehedem das Graphical User Interface, involviert mich neu in die Felder des Leitens. An den mit operativen Bildern belegten Stellen dieser kapazitativen Bildschirme kommt es durch Berührung zu veränderten elektrischen Kapazitäten, zu neuen Verhältnissen zwischen Ladung und Spannung. Ein berührender Akt des Leitens. Indem ich die Leitfähigkeit meines Körpers einsetze, können die betreffenden Befehle an die innere Telegrafie des Computers geleitet werden, um über Hardware-Software-Interfaces jene Programmabläufe zu starten, die diesen Leit-Bildern zugeschrieben sind. Die benannte ‚Illusion, Daten tatsächlich physisch mit den Händen zu manipulieren' ist das Produkt einer Programmierung und Hardware-Konstellation, die menschliche Körper offensiver denn je für das Leiten elektrischer Impulse einspannt, das Computer laufen lässt.

So kommt es zu einem bemerkenswerten Widerspruch. Gerade der Touchscreen mit dem provozierten Eindruck von Unmittelbarkeit – „letting you control everything with just your fingers" (vgl. Abb. 3.1) – ist die Einladung, über die Prozesse des Vermittelns nachzudenken. Das beworbene User-Interface „with touch controls" (ebd.) führt vor Augen und Finger, was Interfaces hier konkret und auch grundsätzlich tun: sie leiten.

Grafische Interface-Inszenierungen leiten diese Kontakt-nahme an, bei dem Sprachausgabe-Software auch ansagen kann, was hier angezeigt ist. Dazu gehört zuallererst, als Zugang zu den Funktionen des Geräts, eine gerasterte Übersicht der zu Gebote stehenden Programme, eine App-Ordnung. Eine „Ordnung der Auswahl" (Distelmeyer 2017, S. 76–82) offeriert Programme im Startbildschirm, im Homescreen. Diese im Über-blicksraster erscheinenden Apps erlauben und organisieren eine „haptic experience of productivity" (Verhoeff 2012, S. 84).

Apps sind dabei mehr als nur Programme, die für mobile Geräte aus zentralen Plattformen wie dem Mac App Store, dem Galayxy Store oder der Huawei AppGallery herunter-geladen werden. Sie müssen, wie 2019 in der Forschungs-agenda der empirischen *App Studies* betont wurde, in ihren programmatischen, operativen und infrastrukturellen Zusammen-hängen und auch in ihren Effekten für den Status von Software und nahegelegte Nutzungspraktiken gesehen werden (vgl. Gerlitz et al. 2019). Apps realisieren und vermitteln Programmierbarkeit.

Ihr Erscheinen – was die App-Ordnung des Startbildschirms von Smartphones zeigt – ist ein radikaler Umbruch: Er besteht in der Verdrängung der demonstrativen *Objektorientierung* des Desktop (mit seinen Dateien und Ordnern) durch eine *Prozessorientierung* des Homescreens (mit seinem Raster der Apps). In Tat-Ein-heit mit dem Touchscreen bedeutet diese Interface-Inszenierung nichts Geringeres als eine entscheidende und massiv unterschätzte Veränderung der bis 2007 dominanten Idee, was Menschen mit Computern zu tun haben.

Damit wird, so meine These, eine Gewöhnung an neue Verhältnisse programmatisch und habituell unterstützt. Sie übt ein, das Wirken von Computern weniger als Aktionen zu verstehen, die von mir – als Subjekt mit „User"-Status – ausgehen müssen, sondern als permanent laufende, gleichsam natürliche Prozesse einer Verumweltlichung von Computertechnologie.

Ostentativ und tiefgreifend entfernt sich diese Ästhetik und Logik vom grundlegenden Prinzip der mehr als 20 Jahre zuvor durchgesetzten Graphical User Interfaces. Die damals angelegte Interaktion mit den operativen Leit-Bildern des Desktop ist betont objektorientiert. Alles geht vom Objekt aus. Dieses Prinzip hatte Steve Jobs von den Innovationen bei Xerox PARC schon für den Apple Lisa von 1983 (vgl. Abb. 2.3) abgeschaut. Zeigen, Wählen und Klicken: Ein Objekt, eine Datei wird mit der Maus markiert, damit (über die Befehle des Menüs oder den späteren Doppelklick) Aktionen festgelegt und am Objekt ausgeübt werden können (vgl. Abb. 3.2).

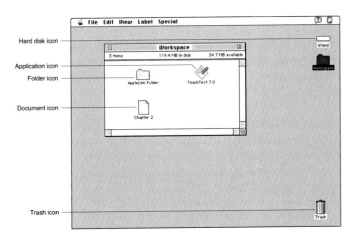

Abb. 3.2 „Object first": die Objektorientierung mittels operativer Leit-Bilder („Icons") auf dem Desktop, demonstriert in den *Macintosh Human Interface Guidelines* von 1992 (Apple Computer Inc. 1992, S. 224)

Die konzeptuelle Nähe zwischen objektorientierter Programmierung und objektorientierter Interaktion hat Alan Kay (2001, S. 129–130, Herv.i.O.), der beide Objektorientierungen vorangetrieben hat, so zusammengefasst:

> [O]bject oriented means that the object knows what it can do. In the abstract symbolic arena, it means we should first write the object's name (or whatever will fetch it) and then follow with a message it can understand that asks it to do something. In the concrete user-interface arena, it suggests that we should select the object first. It can then furnish us with a menu of what it is willing to do. In both cases we have the *object* first and the *desire* second.

Dementsprechend bezieht sich meine Verwendung des Begriffs Objektorientierung weder streng auf objektorientierte Programmierung noch allein auf objektorientierte Interaktion. Stattdessen geht es um die von Kay betonte Gemeinsamkeit beider Verfahrensweisen – um ein Paradigma und eine bestimmte Art, Computer-Programmierung und Computer-Gebrauch zu denken. Dieses Modell, in dem ‚Objekte die dominierenden Strukturelemente' sind, setzte sich nicht zuletzt deshalb durch, weil es, so Gabriel Yoran (2018, S. 124–125), ‚der alltäglichen Erfahrung von Objekten nahe kommt'.

Reinhard Budde und Heinz Züllighofen (1990, S. 229, Herv.i.O.) haben dies für ein „Verständnis des Entwurfs und der Nutzung von Software" als *„objekt-orientierte Modellierung"* zusammengefasst. Objekte, Klassen und Klassenbeziehungen gehören bei der Programmierung ebenso dazu wie der erlernte Umgang in der Interface-Inszenierung, bei dem „wir zum Verständnis des Umgangs mit den Objekten nicht auf die Kenntnis des inneren Aufbaus der Objekte angewiesen" (ebd., S. 238) sind.

In diesem Sinne wurde die Desktop-Inszenierung zum Blockbuster der Objektorientierung. Der Desktop versammelte Objekte und bot Zugang zu ihnen wie auch zu Programmen, die in diesem Umfeld, neben Dateien sowie in und neben Ordnern, ebenfalls zu Objekten werden konnten. Diese Objektorientierung war ein Schlüssel zum Erfolg des Personal Computer (PC) und des damit eingeleiteten „Popular Computing" (vgl. Wirth 2020), das ab den 1980er Jahren die zweite große Welle der Computer-Entwicklung bildete. Die hier vermittelte und operative Art, Computer und deren Nutzung zu denken, unterstützte ideal die Umwidmung des Computers zu einem PC, zu einem alltäglichen und dezidiert „persönlichen" Rechner (vgl. Ehrmanntraut 2019).

Computerprogramme, die ‚schamlos Pronomen wie *my* und *you* verwenden' (Chun 2006, S. 21), arbeiteten dieser Inszenierung von Objekten und Subjekten nachhaltig zu. Interaktion, Verfügen und Sichfügen, ging und geht hier von der Interface-Inszenierung *meiner* digitalen Objekte aus.

Genau das wird im Homescreen des iPhone und aller folgenden Smartphones und Tabletcomputer bis heute umgekehrt – zur im Vergleich dazu *prozessorientierten* Interaktion. Die Leit-Bilder dieser Interface-Inszenierung depräsentieren nicht mehr primär Dokumente, Dateien oder Ordner, sondern Programme. Auch ihr Name hat sich geändert. In den *Macintosh Human Interface Guidelines* war noch sowohl von „program" als auch von „application" die Rede und „application" dort als „program that performs a specific task, such as word processing, database management, or graphics" (Apple Computer Inc. 1992, S. 363) definiert. Im *iPhone User Guide* (Apple Inc. 2008) hat hingegen die App – die „application" und ihre Assoziation mit Anwendungs- und Gebrauchs-Prozessen – das Wort „program" und jede Assoziation mit Vorschrift vollständig verdrängt. Die neue Vorrangstellung von Programmen geht einher mit einer Umbenennung, die nicht mehr an den Vorgang der Programmierung erinnert.

Die Desktop-Dominanz von Dateien und Ordnerstrukturen, in denen auch Programme zu finden waren, kehrt sich im App-Homescreen um: zur Dominanz von Programmen, in denen nun all das zu finden ist, was ehedem Dateien waren. Um nun zu dem zu gelangen, was zuvor als meine digitalen Objekte auf dem Tisch (oder in Ordnern) lag, brauche ich neue Unterstützung. Das hat Steve Jobs in der ersten iPhone-Präsentation im Januar 2007 exemplarisch vorgeführt (vgl. Abb. 3.3).

„With a little help from my friends": Um diesen Song zu finden, muss zuerst das vorgesehene Programm im Homescreen ausgewählt werden, das Musik nicht nur spielt, sondern auch

Abb. 3.3 Apps zuerst: Screenshots der ersten iPhone-Präsentation (Apple Inc. 2007)

überhaupt erst (als operative Bilder oder Zeichen) anzeigt. Nicht länger erscheinen Daten als Interface-Objekte eines Schreibtisch- und Ordner-Systems. Stattdessen sind sie Teil einer neuen programmatischen und am Raster ausgerichteten Ordnung: einer Interface-Inszenierung jener Apps, die ich immer erst starten muss, um dann im je laufenden Programm die begehrten digitalen Objekte zu finden – z. B. Fotos, Musik oder Notizen. Sie existieren (für mich) nur als Programmelemente. Mit den Apps des Homescreens wird Software zum ersten Objekt meines Interesses oder Begehrens.

Diese Interface-Inszenierung leitet einen neuen Umgang mit Computern an. Meine Touchscreen-Aktionen richte ich am Raster von Programmen aus, in deren Flow ich eintrete, um darin jene Objekte zu finden, von denen ich ansonsten ausgegangen war. Erst 2017, mit dem Betriebssystem iOS 11, sollte das Prinzip der Objektorientierung durch die App „Files" ein eingeschränktes Comeback feiern. Als ein Programm unter vielen, das in Android-Betriebssystemen bereits 2010 mit der App „My Files" eingeführt worden war (vgl. Distelmeyer 2019, S. 86–89).

Programme sind alles in dieser prozessorientierten (Inter-) Aktion. Zwar zeigten sich Programme auch auf dem Desktop und geht auch beim Desktop nichts ohne das Primat des Programms; immerhin ist auch der Dateimanager des Desktop nichts anderes als ein laufendes Programm. Nur ist die Geste nun eine andere. *Process/program first:* Am Anfang soll demonstrativ die Masse und Kraft der Programme stehen, die ich zwar im Raster des Homescreens (aufmarschiert in Reih und Glied) organisieren, erwählen und laufen lassen mag, nicht aber in der Weise besitze, bewege und erzeuge, wie mir dies bei Dateien und Ordnern vertraut gewesen ist.

Eine neue Bestandsaufnahme. Indem sich meine Objekte nur noch unter den Bedingungen und in dem Ablauf des für sie je zuständigen Programms zeigen, spitzt sich hier die prinzipielle Eigenschaft digitaler Objekte zu, dass ‚wir mit ihnen inter-agieren und Maschinen gleichzeitig mit ihnen operieren' (Hui 2016a, S. 48). Ich darf mich darum fragen, was es mit dem Possessivpronomen „mein" noch auf sich hat. Wessen Besitz wird hier angezeigt? Diese Programme jedenfalls, die Ware der Software-Industrie, besitze ich nicht. Ich erwerbe lediglich das Recht auf Ihren rechtmäßigen Gebrauch.

Im Unterschied zum etablierten Begriff der Objektorientierung, der ein Programmierparadigma mit einem Interaktions-Gestus, mit einem Paradigma der Interface-Inszenierung verbindet, beschreibt Prozessorientierung also die programmatische Veränderung dieses Interaktions-Gestus. Sie besteht in erster Linie in der Verschiebung der Aufmerksamkeit von digitalen Objekten hin zu den Prozessen der Programme, die sie erscheinen lassen.

Ich nenne dies Prozessorientierung, um damit insbesondere die neue Bedeutung der Umgebung dieser Objekte anzuzeigen, die durch diese Verschiebung betont wird. Als „Prozess" wird in der Informatik „die gesamte Zustandsinformation eines laufenden Programms" (Mandl 2010, S. 66) verstanden. Der „Prozess (in manchen Betriebssystemen auch Task genannt) stellt auf einem Rechnersystem die Ablaufumgebung für ein Programm bereit und ist eine dynamische Folge von Aktionen mit entsprechenden Zustandsänderungen" (ebd.).

Das neue Verhältnis von Objekt und Umgebung, das in der Prozessorientierung das Programm (als Ablaufumgebung) in den Vordergrund rückt, wird so zu einem neuen Möglichkeits-rahmen. In ihm, nach dem Eintritt in die App-Ordnung der Prozesse und mit seiner Touchscreen-Bedingung, wird auch ein neuer Umgang mit digitalen Objekten möglich: das vermeint-lich „direkte" Manipulieren von Objekten wie Bilder und Karten durch das Ein-Greifen mit den Fingern, die dank ihrer Leitfähig-keit Veränderungen anleiten. Diese Lösung des Problems, ein

Graphical User Interface für einen kleinen Bildschirm zu entwickeln, wurde (schon bald nicht nur auf kleinen Bildschirmen)
zum Erfolgsmodell.

3.3   Always on (zur Ära der Software-Macht)

Die Prozessorientierung ist eine Verlagerung der Aufmerksamkeit auf ganz bestimmte Prozesse – auf Programme, auf
Software. Im Raster der App-Ordnung wird gewissermaßen
depräsentiert, was der Funktionsweise von Programmen auf
Smartphones technisch zugrunde liegt: das Prinzip des Sand-
boxing als Software-Diversifikation, in der die diversen
Programme nicht auf alle gespeicherten Daten zugreifen,
sondern nur auf die ihnen je zugewiesenen (vgl. Hagen 2018,
S. 75–79).

Eine oft wiederholte Begründung dafür, App-Daten von
anderen Apps und dem Betriebssystem zu isolieren, ist die
damit verstärkte Sicherheit. Das begrenzt „the potential for
security breaches" (deAgonia 2017). Eine weniger prominente
Begründung ist der damit veränderte Status von Software. Er
unterstützt ideal das Geschäftsmodell der Apps, für deren Erwerb
Smartphones zugleich die Plattformen bieten. Vielsagend bewarb
Apple das iPhone 2007 mit den Worten, damit beginne „an era of
software power" (vgl. Ripley 2008, S. 91 und Abb. 3.1).

Der neue Status von Software entwickelt sich auf mehreren
Interface-Ebenen. Ihr Zusammenspiel ermöglicht, dass die
leitende Vermittlung zwischen Körper und Computer, ‚alles nur
mit den Fingern zu kontrollieren', nicht auf die interne Telegrafie meines Geräts begrenzt ist. ‚Alles' umfasst hier auch,
was die Vernetzung hergibt – Programme, die eine Verbindung
zum Internet voraussetzen. Die Frage, mit was der kapazitative
Touchscreen hier eigentlich den leitenden Kontakt erlaubt, führt
dazu, wie dabei interne und externe Telegrafie, das erste und
zweite Feld des Leitens, zusammenwirken.

Der Homescreen egalisiert. In ihm stehen Apps für Rechen-
aufgaben und Textverarbeitung neben der Wetter-, Aktien- oder

YouTube-App, die ganz im Gegensatz zu Apps wie „Rechner" und „Notizen" eine laufende Internet-Verbindung immer schon voraussetzen (vgl. Abb. 3.1). Dieses gleichrangige Nebeneinander installiert das *Always-on* dieser Formen mobiler und permanent vernetzter Computer als neue Selbstverständlichkeit im User-Interface. Der historische Vorbildstatus des iPhone betrifft deshalb sowohl Vorstellungen davon, wie ein Smartphone aussehen und funktionieren soll, als auch davon, Computer als immer schon mit dem Internet verbunden zu begreifen. Hier realisiert sich der Werbeslogan von Sun Microsystems aus den frühen 1980er Jahren als neue Grundeinstellung: „The network is the computer."

Das ist heute Alltag – ist Grundlage der Computerisierung, ihrer *Sensing*-Verfahren und auch des Wirkens Künstlicher Neuronaler Netze zur Sprach- und Gesichtserkennung auf Smartphones. Als alltägliche Erfahrung erleichtert dieses *Always-on*, „digital" mit protokollogischer Vernetzung gleichzusetzen. Es verstärkt die vierte Bürde der Digitalität. Vor allem aber erlaubt es, Prozesse des Computers immer stärker auszulagern. Es kommt nicht mehr (nur) auf Rechenleistung und Speicherkapazität meines Gerätes an. Wichtiger werden die Verbindung zu leistungsstarken Internetdiensten und die dazu nötigen Hardware-Anlagen, Programmierungen und Interface-Ebenen.

Dies hat buchstäblich weitreichende Folgen für den Status von Software, der sich machtvoll ändern soll. Wird Software durch die prozessorientierte Interface-Inszenierung zum ersten Objekt meines Interesses, kann sie sich durch das *Always-on* entscheidend ausbreiten. Sie verlagert sich, wie Irina Kaldrack und Martina Leeker (2015, S. 9–10) erläutert haben, von einem Produkt zur Dienstleistung:

> In the past, shrink-wrapped software, as it was called, had to be purchased, installed on a personal computer (PC), configured, and updated regularly. Today, however, it suffices to log on to a single platform and install a service to easily access Dropbox, Facebook, Google, etc. In parallel to the development of clouds, web services, and mobile apps on the consumer market, ‚classic' software providers are moving to subscription models in ever-greater numbers:

> Adobe Creative Suite becomes Adobe Creative Cloud and Micro-
> soft Word becomes Office 365. Software is no longer purchased, but
> rather can be rented. [...] Ownership of software is thus becoming
> obsolete, replacing goods as property through service use.

Auf diese Weise entwickelt sich eine weitere Facette der Prozessorientierung und der beworbenen ‚Ära von Software-Macht'.
Damit ein solches Programm auf meinem Computer brauch-
bar wird, braucht es zusätzlich zu dessen Interface-Prozessen
zwischen Hardware und Software auch noch jene der externen
Computer dieser Internet-Dienstleistung, die gemäß des Soft-
ware-Interface TCP/IP vermittelt werden. Die Verbindungen
zur *Cloud,* die eher „ein Euphemismus für einen ‚verborgenen
Bunker in Idaho oder Utah' ist" (Morozov 2013, S. 25) als der
Himmelsname allgegenwärtiger Verfügbarkeit, müssen gebaut
und geregelt werden. Software breitet sich durch ausgebreitete
Hardware aus: Der Prozess, die Ablaufumgebung für das
Programm auf meinem Computer, umfasst nun auch Internet-
Abläufe.

So wird immer wichtiger, dass meine Berührung eines
operativen Leit-Bildes auf dem Touchscreen mehr als nur die
Rechenprozesse und den Energieverbrauch meines Geräts
anleitet. Der Akt des Startens der (internetbasierten) Apps
wird zum Eintritt in einen Flow, der – das ist für die Idee des
Capture-Kapitalismus entscheidend – zwischen Programmablauf
und Netzwerk-Traffic nicht mehr unterscheidet. Signale und
Daten fließen. Der menschliche Körper klinkt sich dazu in die
Leitungsprozesse der Interfaces ein.

Das *Always-on* ist darum nichts anderes als eine weitere
Ausrichtung auf (Interface-)Prozesse. Sie gibt der Prozessorientierung, die mir auf den ersten Blick als Interface-
Inszenierung begegnet, zusätzliche Konturen. Die Prozesse, die
hier zur Umgebung werden, schließen die Verfahren der Netz-
werkverbindung mit ein.

So fallen die ersten beiden Felder des Leitens zusammen.
Während die Felder der internen Telegrafie und der externen
Telegrafie weiter und unter eigenen Bedingungen existieren,
werden sie im vierten Feld des Leitens, in dem ich mit dem
Smartphone umgehe und Eingaben mache, ununterscheidbar.

Prozesse gehen machen: Das Zusammenspiel von Touch-screen und Prozessorientierung, das seit 2007 einen neuen Standard bildet, verläuft also ebenso technisch wie ideologisch. Es ist, zumal in ihrer Ausrichtung auf die Interface-Prozesse der Dauervernetzung, funktionaler Teil der Computerisierung, für die technisch-physikalische Prozesse des Leitens angelegt und geregelt werden. Gleichzeitig entsteht auf genau dieser Grundlage eine ideologische Form des Leitens, die für das Funktionieren nicht weniger wichtig ist. Sie bezieht ein, was als „User" eingeplant ist und sich entziehen kann. Sie entsteht, wird gebraucht und ermöglicht Kritik, indem diese Form des Leitens das ästhetische, depräsentierende Erscheinen jener technisch-physikalischen Prozesse ist, mit denen sie – damit es läuft – operativ verbunden ist.

So gesehen provoziert die Interface-Inszenierung der prozess-orientierten App-Ordnung Schlüsse und Fragen, die vor dem Hintergrund einiger im ersten Kapitel gesammelter Kritikpunkte zur Computerisierung brisant werden. Das betrifft insbesondere die Überlegungen zum *Capture,* zum *Sensing* und den darauf beruhenden Möglichkeiten einer algorithmischen Gouverne-mentalität.

Diese Interface-Inszenierung übt ein neues Verständnis von Computern ein und macht es in jedem Sinne gebräuchlich. Was Menschen mit dieser Technologie zu tun haben, geht nun nicht mehr von ihnen und ihren Objekten aus, die Fragen nach Besitz und Zwecken aufwerfen mögen, sondern von Prozessen, die im Sinne der Digitalität immer und überall laufen. Inszeniert und habitualisiert wird so jene Verumweltlichung von Technologie, die (uns) die Computerisierung sein soll.

Es spricht viel dafür, in dieser operativen Verabschiedung vom Primat des Objekts auch die vom Primat des Subjekts demonstriert zu sehen. So würde mit dem Objekt auch jenes Subjekt verdrängt, das – ähnlich argumentieren die Theorien zur Technoökologie – mit seinem ehemaligen Objekt-Gegenüber nun gleichberechtigt in den Austauschprozessen des Netzwerks als „Sein im Regelkreis" (Hörl 2008, S. 646) aufgeht.

Möglich wird dies, indem die Gleichsetzung von Computern mit deren Netzwerken alltäglich wird, die sich mehr noch als mein verschlossenes, aber doch gegenwärtiges Gerät meiner Beobachtung entziehen und dem Mythos der Immaterialität zuarbeiten. Die strategische Umbenennung von „Apple Computer Inc." in „Apple Inc.", mit der Steve Jobs 2007 die iPhone-Präsentation bildreich beendete (vgl. Kaerlein 2018, S. 97–99), passt perfekt in diese Logik. Der Computer verschwindet buchstäblich.

So wird, um es zuzuspitzen, der Abschied vom meinen Daten als besitzanzeigenden Gütern zelebriert. Sie gehören nun den Programmen, die – *always on* – immer schon damit operieren. Die implizite (und durch *Sensing*-Verfahren erfüllte) Anforderung des *Capture*-Kapitalismus und der algorithmischen Gouvernementalität, meine Daten Programmen zur Verfügung zu stellen, wird hier explizit. Sie wird alltäglich, indem sie zu einer Grundeinstellung des Gebrauchs mobiler Computer wird.

Nicht immer: Wer bei Android-Betriebssystemen die Nutzung des *Cloud*-Computing, der ausgelagerten Datenverarbeitung über Internetdienste, verweigert, erhält täglich einen Warnhinweis. „Deine Daten werden nicht gesichert. Füge jetzt ein Sicherheitskonto hinzu." An die Stelle der Operation „Save", die im Desktop-Kontext das Speichern auf dem Festplattenlaufwerk des Computers meint, tritt hier das Sichern als Eingang in die externe Telegrafie der *Cloud*-Dienstleistung. Daten sind nur sicher, wenn Netzwerke damit operieren. Geld muss arbeiten.

Hier verwandeln sich Wertvorstellungen in leitende Operationen, die diese Wertvorstellungen realisieren, indem sie eine bestimmte Beteiligung anbieten. Worin sie bestehen soll, hat – um noch einmal zum Musterbeispiel dieser weit über einzelne Konzerne hinausreichenden Entwicklung zurück zu kommen – Steve Jobs in seiner letzten Präsentation zum Netzwerkservice iCloud sehr klar artikuliert. Hier wird die Etablierung eines neuen Zentrums, neuer Prozesse und neuer Verhältnisse angesprochen. Sie skizzieren weit über die iCloud hinaus die (*Sensing*-)Richtung der laufenden Computerisierung:

> We're going to move the digital hub, the center of your digital life, into the cloud. Because all these new devices have communications built into them, they can all talk to the cloud whenever they want.

And so now, if I get something on my iPhone it's sent up to the cloud immediately. Let's say I take some pictures with it, those pictures are in the cloud, and they are now pushed down to my devices completely automatically. And now everything's in sync with me not even having to think about it. I don't even have to take the device out of my pocket. […] And so everything happens automatically and there's nothing new to learn. (Apple Inc. 2011).

Dieses Mensch-Computer(isierung)-Verhältnis wird bereits, so lautet meine Folgerung, durch die 2007 eingeführte Interface-Inszenierung ein- und angeleitet. Ihre Techno-Logik, die Zwecke der Computer(isierung) regelt, ist folgende: Das ‚Zentrum meines digitalen Lebens' – hier verschwinden die etablierten Subjekt-Objekt-Relationen – bin weder ich noch mein Computer. Das Zentrum sind Prozesse des Datenstroms. Es ist ein programmgesteuertes, protokollogisches Netzwerk aus Computern, deren vorgeschriebene Eigendynamik mich entlastet, mir zu Diensten ist, meine Daten jederzeit erfasst und in einem permanenten Transfer- und Auswertungsprozess hält. Im Zentrum steht, um hier mit Manuel Castells' (2010, S. 500) Kritik der Netzwerkgesellschaft zu sprechen, „the power of flows".

An diesen Prozessen kann ich mich jederzeit bewusst beteiligen. Aber das muss ich nicht mehr. Meine Daten werden dennoch Teil dieses Prozesses. Und die Auswirkungen können mich dennoch persönlich erreichen – sei es in Form synchronisierter Geräte, als Vereinfachung in Form auf mich zugeschnittener Wahlwerbung oder als Ablehnung in einem Bewerbungsverfahren, weil in meinem Datenprofil Muster erkannt worden sind, die ein KI- oder ADM-System als nicht geeignet einstuft.

Das geht nicht ohne Widersprüche. Firmen und Programme adressieren mich weiter als Individuum und rufen das You von „N(YOU) Media" (Chun 2016, S. 16) an, um meine Daten gleichwohl als Teil eines größeren Ganzen, einer neuen programmgeleiteten Pluralität mit den Ähnlichkeitsrastern von *Big Data* einzuordnen. Die Verdrängung des Subjekts aus dem *center of your digital life* geht zudem einher mit einer neuen Einbeziehung des individuellen Körpers:

Mit meinem Finger, der den Touchscreen bedient und Geräte qua Fingerabdruck freischaltet. Mit meinem Auge, das der Iris-Scanner zur Autorisierung überprüft. Oder mit meinem Gesicht, von dem sich Erkennungsverfahren wie „Face ID" (Apple), „Face Recognition" (Samsung) oder „3D Face Unlock" (Huawei) dank Künstlicher Neuronaler Netze ein eigenes Bild machen (vgl. Abb. 3.4).

Gerade der neue Standard, den Gebrauch von Smartphones und Tablets durch Gesichtserkennung zu entsperren, lässt sich dabei als vielsagend widersprüchlich verstehen. Der Abschied vom Objekt und seinem Subjekt durch das Smartphone, mit dem sich die Geste des Persönlichen (des PC) zum Prozessualen des Netzwerks (des Zentrums digitalen Lebens) verlagert, wird durch die sensorischen Funktionen des Computers einerseits konterkariert, indem ich durch mein Gesicht identifiziert werde. Es kommt doch auf mich an. Andererseits aber ist diese sensorische Erfassung durch eine stets alerte Technologie, die mich auch unaufgefordert erkennt, ebenso eine Vertiefung der prozessorientierten Verlagerung hin zum aktiven Netzwerk.

Vielleicht so: Nicht ich „erkenne" diesen Computer als meinen (an), der als *Personal Computer* meine Daten sichert, sondern der Computer des Netzwerkzusammenhangs erkennt mich (an), damit er mir Zugang zu diesem Zusammenhang, dem neuen Zentrum, gewährt. Der Huawei-Slogan „Unlock life's possibilities with 3D face unlock" (vgl. Abb. 3.4) scheint genau davon zu sprechen – es geht um ganz andere Möglichkeiten des (digitalen) Lebens als das Entsperren eines, gar „meines" Geräts.

Abb. 3.4 Möglichkeiten aufschließen: Huawei-Werbung für „3D Face Unlock" (Krishnan/Hal 2018)

Hier wäre eine Verbindung zwischen der Prozessorientierung und dem „technotronischen Regime" (Mbembe 2014, S. 54) zu suchen, in dem „es die Abdrücke (der Finger, der Iris, der Netzhaut, der Stimme und sogar der Gesichtsform)" erlauben, die „Einzigartigkeit des Individuums zu messen und zu archivieren" (ebd.). Dass diese Vermessung und Archivierung gestattet, eine neue, ‚a-normative' Macht gegenüber diesen Individuen zu entwickeln, weil *Datamining* auf der Basis ihrer ‚statistischen Doubles' eine gleichsam automatische Gestaltung von Zukunft verspricht, ist Gegenstand der Kritik algorithmischer Gouvernementalität (vgl. Rouvroy/Berns 2013). Auch sie kann also Impulse daraus beziehen, wie Smartphones oder Tablets mit Touchscreen und App-Ordnung alltäglich im Gebrauch sind.

Für detaillierte Analysen, wie dabei durch konkrete Apps Prozesse des Regierens und Leitens stattfinden und „an app's governance" – „how the app provider seeks to manage and regulate user activity" (Light/Burgess/Duguay 2018, S. 890) – erschlossen werden kann, bieten sich die empirischen Ansätze der *App Studies* an. Dabei wird der historische Übergang von der Objekt- zur Prozessorientierung gerade für die *walkthrough*-Methode der Analyse des Graphical User Interface und der darin angelegten Beziehungen zwischen technischer (Infra-)Struktur und Gebrauch relevant.

Er liefert dazu die techno-logische Voraussetzung, indem er das Verhältnis zwischen Mensch und Computer(isierung) auf eine neue Basis stellt. Die prozessorientierte Logik legt als ‚haptische Erfahrung von Produktivität' (Verhoeff 2012, S. 84) eine neue Beziehung zu Daten nah und in meine Hände, die der in den *App Studies* untersuchten Daten-Ökonomie habituell entgegenkommt. Dem ungleichen Verhältnis der Datenmengen, die qua Graphical User Interface für mich als „User" und qua Application Programming Interface für Dritte zur Verfügung gestellt werden und Apps damit zu „in-between brokers of intimate data" (Weltevrede/Jansen 2019) machen, geht die Einführung der prozessorientierten Interface-Inszenierung und ihre Verabschiedung von Daten als besitzanzeigenden Gütern voraus. Die programmatische und handhabbare App-Ordnung der Touchscreens ist dafür die ideale Voraussetzung. Sie ist sowohl die technische als auch die ideologische Umgebung und Bedingung dieser neuen Datenobjekte und ihrer Ökonomie.

3.4   Kein Schluss (Misstrauen und Entscheiden)

Aus seiner Auseinandersetzung mit der Computerisierung hat Dirk Baecker (2018a, S. 259) eine Gestaltungsaufgabe abgeleitet. Die „Herausforderung, vor der das Design der nächsten Gesellschaft steht", bestehe darin, die „immer unsichtbarer" werdenden „Prozesse der Verknüpfung heterogener Abläufe im Medium algorithmischer Konnektivität" sichtbar zu machen „und für Eingriffe verfügbar zu halten". Diese Intervention, die „zeigt, was sich nicht mehr bezeichnen lässt", soll bewirken, dass „wir uns wenigstens darauf verlassen dürfen, misstrauisch werden zu können" (ebd., S. 260).

So wichtig eine derart neue Ästhetik ist: Die Möglichkeit einer ähnlichen Intervention, wenn auch von der anderen Seite, existiert bereits. Weil etwas von diesem Zeigen, Sichtbarmachen und Verfügbar-Halten permanent geschieht, kann eine Kritik der Digitalität gegenüber Interface-Inszenierungen immer schon misstrauisch werden. Zwischenräume, in denen Kritik beginnen kann und weitere Entfaltung erfordert, öffnen sich (noch) alltäglich in unserem Umgang mit dem, was uns zum aktiven Wir der Digitalität und Computerisierung macht. Die interventionistische Verantwortung liegt dabei nicht im Feld von Gestaltung und Programmierung, die Grenzen der Depräsentation aufdeckend verschieben. Sie liegt in den Interface-Terrains des Alltags, in denen sich alle Beteiligten sammeln können.

Als Beteiligte können wir entscheiden, die Erscheinungs- und Umgangsformen der Computerisierung als Einladung und Spielraum zur Kritik zu nutzen. Dies setzt voraus, mit dem traditionellen Werkzeugmissverständnis und der Unterschätzung des Interface-Komplexes zu brechen. So können die Verfahren der Digitalität zum Einstieg in Verfahren einer Kritik werden, die nach Interface-Ebenen und Feldern des Leitens fragt.

Das hat Grenzen. Dass damit nicht einfach zu verborgenen Interface-Ebenen und Leitungsprozessen vorgedrungen werden kann, zu gehüteten Programmen und Algorithmen führender Konzerne und Regierungstechnologien, zu uneinsehbaren Rechenschritten eines KI- oder ADM-Systems oder zum Datentransfer der Plattformen, ist ein Problem, auf das dieser Fragemodus unweigerlich hinausläuft. Das gilt in jedem Fall für das hier nur grob skizzierte Beispiel des Smartphones.

Die Grenzen, auf die diese Methode je exemplarisch stößt, bezeugen damit aber auch eine größere Problemlage: die fehlenden Möglichkeiten von Einsichtnahme und Mitsprache im Fortschritt der Computerisierung. Diese Problematik fordert Gesellschaften konkret und die Demokratie prinzipiell heraus.

Diese besondere Herausforderung entsteht dadurch, dass die Unbeobachtbarkeit der Verfahren automatische, genauer: programmierbare Abläufe garantieren sollen. Genau darin, in einer potenziell unendlichen Menge festzulegender Automatismen, besteht ja der Vorteil und das Versprechen der laufenden Computerisierung. Eben diese Konstellation aber – programmatische Automatik, deren Prinzipien im Verborgenen liegen – steht im direkten Gegensatz zum Ideal der Demokratie, das gerade Verhandelbarkeit und nachvollziehbare Prozesse von Entscheidungsfindung hochhält. Wie dieser Widerspruch aufzulösen ist, bleibt die wohl schwierigste und weiterhin offene Frage im Umgang mit Digitalität.

Für diese Frage können Interface-Analysen schon insofern sensibilisieren, als sie auf die entschiedene Programmierbarkeit stoßen, die Computertechnologie von allen anderen Formen des Technischen unterscheidet. Sie ist prinzipiell entschieden, weil sie auf der Grundlage von Entscheidungslogik und formalisierter Ordnungen und Befehlsketten funktional wird. Sie ist konkret entschieden, weil ich Programmierbarkeit im Umgang mit Computern als Ergebnisse dieser programmatischen Flexibilität und Automatismen von Schalt- und Leitprozessen erfahre. Was mir in Interface-Analysen begegnet – ganz gleich, ob ich sie beim Trainingsset für Künstliche Neuronale Netze oder in Graphical-User-Interfaces beginne – sind Effekte bereits entschiedener Programmierung.

Gerade in den Momenten, in denen ich (auf der Grundlage dafür festgelegter Programmabläufe) selbst programmiere oder sich Programmierung spürbar ändert, wird Programmierbarkeit als entschieden erfahrbar. Der Wechsel von objekt- zu prozessorientierter Interaktion ist dafür ebenso ein Beispiel wie der „Facebook Demetricator". Veränderungen und Neuordnungen in dem, was gebräuchlich ist, entheben die Ordnung ihres Amtes, selbstverständlich zu wirken.

Hier also könnte ein besonderer Effekt von Interface-Analysen für eine Kritik der Digitalität liegen: Die Auseinandersetzung mit den Erscheinungs- und Wirkungsformen der entschiedenen Programmierbarkeit kann dabei helfen, die politische Dimension der Computerisierung deutlicher zu erkennen. Diese besteht nicht nur in konkreten Infrastrukturen, Netzwerken, Plattformen, Datenflüssen, Umgangsformen, Geräten und (selbstlernenden) Programmen, sondern darüber hinaus im Prinzip der programmatischen Entscheidbarkeit und Automation. Ob Gesellschaften in diesem Sinne programmiert und programmierbar werden, wird sich daran entscheiden, wie über den Einflussbereich der Digitalität entschieden wird.

Literatur

Adelung, Johann Christoph. 1808. *Grammatisch-kritisches Wörterbuch der Hochdeutschen Mundart. Zweiter Teil, von F – L.* Wien: Anton Pichler.

Aigner, Anton. 2011. *Die Kunst des Leitens. Erfahrungen – Einsichten – Hinweise.* Würzburg: Echter.

Alfter, Brigitte, Ralph Müller-Eiselt und Matthias Spielkamp. 2019. Introduction. In *Automating society. Taking stock of automated decision-making in the EU*, Hrsg. Matthias Spielkamp, 6–12. Berlin: AlgorithmWatch.

AlgorithmWatch. 2018. *Das ADM-Manifest.* https://algorithmwatch.org/das-adm-manifest-the-adm-manifesto/.

Amazon Instant Video Germany GmbH (Amazon). 2017. *You are wanted.* Facebook-Post vom 6.7.2017. https://www.facebook.com/watch/?v=1917119448533626.

Amnesty International. 2016. „*This is what we die for“: Human rights abuses in the Democratic Republic of the Congo Power the Global Trade in Cobalt.* London: Amnesty International.

Andersen, Christian Ulrik und Søren Pold (Eds.). 2012. *Interface Criticism. Aesthetics Beyond Buttons.* Aarhus: Aarhus University Press.

Andersen, Christian Ulrik und Søren Pold. 2018. *The Metainterface. The Art of Platforms, Cities and Clouds.* Cambridge: MIT Press.

Andreas, Michael, Dawid Kasprowicz und Stefan Rieger. 2018. Unterwachen und Schlafen: Einleitung. *Unterwachen und Schlafen: Anthropophile Medien nach dem Interface*, Hrsg. Dies, 7–31. Lüneburg: Meson Press.

Angerer, Marie-Luise et al. 2018. *Sensing. Zum Wissen sensibler Medien.* www.zem-brandenburg.de/de/sensing.html.

Angerer, Marie-Luise und Bernd Bösel. 2015. Capture All, oder: Who's Afraid of a Pleasing Little Sister? *Zeitschrift für Medienwissenschaft* 13: 48–56.

© Springer Fachmedien Wiesbaden GmbH, ein Teil von Springer Nature 2021
J. Distelmeyer, *Kritik der Digitalität*,
Medienwissenschaft: Einführungen kompakt,
https://doi.org/10.1007/978-3-658-31367-8

APA. 2019. Forscher entwickeln „High-Tech-Bienenstock" mit Robotern als Boten. *Der Standard*, 08.04.2019. https://www.derstandard.de/story/2000101028274/forscher-entwickeln-high-tech-bienenstock-mit-robotern-als-boten.

Apple Computer Inc. 1983. *Apple LISA Computer – VIDEO DEMO – 7/Jan/1983*. https://www.youtube.com/watch?v=wbO-vY9tbNY&t=10s.

Apple Computer Inc. 1992. *Macintosh Human Interface Guidelines*, Reading: Addison-Wesley.

Apple Inc. 2007. *iPhone Keynote*. https://www.youtube.com/watch?v=H3uaJIaIArs.

Apple Inc. 2008. *iPhone User Guide For iPhone and iPhone 3G*. https://www.manualsdir.com/manuals/47955/apple-iphone_iphone-3g-user-manual.html.

Apple Inc. 2011. *WWDC 2011*. https://www.youtube.com/watch?v=LPMjUtfQPks.

Arlt, Hans-Jürgen, Martin Kempe und Sven Osterberg. 2017. *Die Zukunft der Arbeit als öffentliches Thema. Presseberichterstattung zwischen Mainstream*. Frankfurt a. M.: Otto Brenner Stiftung.

Arora, Siddharth et al. 2014. High-accuracy discrimination of Parkinson's disease participants from healthy controls using smartphones. *IEEE International Conference on Acoustics, Speech and Signal Processing* (Proceedings), 3641–3644.

Ash, James et al. 2017. Unit, vibration, tone: A post-phenomenological method for researching digital interfaces. *Cultural Geographies* 25 (1): 165–181.

Ash, James. 2015. *The Interface Envelope. Gaming, Technology, Power*. New York: Bloomsbury.

Baecker, Dirk. 2018a. *4.0 oder Die Lücke die der Rechner lässt*, Leipzig: Merve.

Baecker, Dirk. 2018b. Neue Wetten auf Komplexität. *Festival Next Level 2018*, 1–7. https://catjects.files.wordpress.com/2018/11/neue_wetten.pdf.

Bär, Dorothee. 2020. Ich hoffe, dass wir auch digital alle gestärkt aus der Krise kommen. *Der Spiegel*, 30.03.2020, https://www.spiegel.de/politik/deutschland/dorothee-baer-ich-hoffe-dass-wir-alle-aus-der-krise-auch-digital-gestaerkt-kommen-a-ed95eacf-3a93-4a06-8e23-1fd995305137.

Barthes, Roland. 1964. *Mythen des Alltags*. Frankfurt a. M.: Suhrkamp.

Barthes, Roland. 2006. Vom Werk zum Text. In *Das Rauschen der Schrift*, Hrsg. Ders, 64–72. Frankfurt a. M.: Suhrkamp.

Bauer, Nora. 2017. Sonne, Mond und Sterne. *Deutschlandfunk* (Ursendung: 29.04.2017). https://player.fm/series/feature-deutschlandfunk-kultur-2466450/sonne-mond-und-sterne-uberwachung-durch-strassenlaternen.

Benjamin, Walter. 2010. *Über den Begriff der Geschichte* (Werke und Nachlaß. Kritische Gesamtausgabe 19). Berlin: Suhrkamp.

Bennett, Andy. 2014. *Mediated Youth Cultures: The Internet, Belonging and New Cultural Configurations*. London: Palgrave.

Beuth, Patrick. 2018. Wie tickt eine künstliche Intelligenz?, *Der Spiegel*, 15.06.2018. https://www.spiegel.de/netzwelt/web/explainable-ai-auf-der-cebit-2018-wie-tickt-eine-kuenstliche-intelligenz-a-1213016.html.

Bexte, Peter. 2002. Kabel im Denkraum. In *Updates. Visuelle Medienkompetenz*, Hrsg. Arthur Engelbert und Manja Herlt, 17–43. Würzburg: Königshausen & Neumann.

Bharthur, Deepti. 2020. The Valley and the Virus. *Bot Populi*, 03.04.2020. https://botpopuli.net/big-tech-covid19-corona-silicon-valley.

Biselli, Anna und Martin Tschirsich. 2020. Die Datenspende-App braucht mehr Transparenz. *netzpolitik.org*, 22.04.2020. https://netzpolitik.org/2020/die-datenspende-app-braucht-mehr-transparenz/.

Boast, Robin. 2017. *The Machine in the Ghost: Digitality and its Consequences*. London: Reaction.

Bock, Kirsten et al. 2020. Datenschutz-Folgenabschätzung für die Corona-App. *Forum InformatikerInnen für Frieden und gesellschaftliche Verantwortung (FIfF)*, 14.04.2020. https://www.fiff.de/dsfa-corona-file/at_download/file.

Bodoni, Stephanie. 2019. Facebook quizzed by Watchdog for listening to users' chats. *Bloomberg*, 14.08.2019. https://www.bloomberg.com/news/articles/2019-08-14/facebook-quizzed-by-privacy-watchdog-for-listening-to-user-audio.

Boellstorff, Tom. 2014. Die Konstruktion von Big Data in der Theorie. *Big Data. Analysen zum digitalen Wandel von Wissen*, Macht und Ökonomie, hrsg. Rámon Reichert. Bielefeld: transcript, 105–131.

boyd, danah und Kate Crawford. 2012. Critical questions for big data Information. *Communication & Society* 15 (5): 662–679.

Brand, Stewart. 1990. *Media lab. Computer, Kommunikation und neue Medien*. Reinbek bei Hamburg: Rowolth.

Bratton, Benjamin. 2016. *The Stack: On Software and Sovereignty*. Cambridge: MIT Press.

Breljak, Anja und Rainer Mühlhoff. 2019. Was ist Sozialtheorie der Digitalen Gesellschaft? Einleitung. In *Affekt Macht Netz. Auf dem Weg zu einer Sozialtheorie der Digitalen Gesellschaft*, Hrsg. Anja Breljak, Rainer Mühlhoff und Jan Slaby, 7–34. Bielefeld: transcript.

Bridle, James. 2018. *New Dark Age. Technology and the End of the Future*. London: Verso.

Brockman, John. 2019. Der Geist der unbegrenzten Möglichkeiten. Von Kybernetik, Mensch und Maschine – eine kurze Geschichte des Nachdenkens über künstliche Intelligenz. *Süddeutsche Zeitung*, 15.03.2019, 11.

Bucher, Taina. 2018. *If... Then: Algorithmic Power and Politics*. Oxford: Oxford University Press.

Budde, Reinhard und Heinz Züllighoven. 1990. *Software-Werkzeuge in einer Programmierwerkstatt: Ansätze eines hermeneutisch fundierten Werkzeug- und Maschinenbegriffs.* München/Wien: Oldenbourg.

Bundesministerium für Gesundheit (BMG). 2020. *Erklärung von Kanzleramtsminister Helge Braun und Bundesgesundheitsminister Jens Spahn zur Tracing-App,* 26.04.2020. https://www.bundesgesundheitsministerium.de/presse/pressemitteilungen/2020/2-quartal/tracing-app.html.

Bundesministerium für Verkehr und digitale Infrastruktur (BMVI). 2017. *5G-Strategie für Deutschland. Eine Offensive für die Entwicklung Deutschlands zum Leitmarkt für 5G-Netze und -Anwendungen.* Berlin: BMVI.

Bundesministerium für Wirtschaft und Energie (BMWi). 2014. *Zukunft der Arbeit in Industrie 4.0.* Berlin: BMWi.

Bundesregierung. 2014. *Digitale Verwaltung 2020. Regierungsprogramm 18. Legislaturperiode.* Berlin: Bundesministerium des Innern.

Bundesregierung. 2018. *Digitalisierung gestalten. Umsetzungsstrategie der Bundesregierung.* Berlin: Presse- und Informationsamt der Bundesregierung.

Bush, Vannevar. 2007. Wie wir denken werden (1945). In *Neue Medien. Texte zur digitalen Kultur und Kommunikation,* Hrsg. Katrin Bruns und Ramón Reichert, 106–125. Bielefeld: transcript.

Butler, Judith. 2006. Was ist Kritik. Ein Essay über Foucaults Tugend. *transversal* 8. https://eipcp.net/transversal/0806/butler/de.

Caliskan, Aylin, Joanna Bryson und Arvind Narayanan. 2017. Semantics derived automatically from language corpora contain human-like biases. *Science* 356: 183–186.

Castells, Manuel. 2010. *The Rise of the Network Society,* 2nd Edn. Malden/Oxford: Wiley-Blackwell.

Catlow, Ruth. 2017. *Artists Re:Thinking the Blockchain.* Liverpool: Liverpool University Press.

Chun, Wendy Hui Kyong. 2006. *Control and Freedom. Power and Paranoia in the Age of Fiber Optics.* Cambridge: MIT Press.

Chun, Wendy Hui Kyong. 2013. *Programmed Visions. Software and Memory.* Cambridge: MIT Press.

Chun, Wendy Hui Kyong. 2016. *Updating to Remain the Same. Habitual New Media.* Cambridge: MIT Press.

Chun, Wendy Hui Kyong. 2017. Über Software, oder: Die Beharrlichkeit visuellen Wissens. In *Gender und Medien Reader,* Hrsg. Kathrin Peters und Andrea Seier, 279–302. Zürich/Berlin: Diaphanes.

Chun, Wendy Hui Kyong. 2018. Queerying Homophily Muster der Netzwerkanalyse. *Zeitschrift für Medienwissenschaft* 18: 131–148.

Cohen, Noam. 2019. Zuckerberg wants Facebook to build a mind-reading machine. *wired,* 07.03.2019, https://www.wired.com/story/zuckerberg-wants-facebook-to-build-mind-reading-machine/.

Conrad, Michael. 1988. The price of programmability. *The Universal Turing Machine: A Half-Century Survey*, Hrsg. Rolf Herken, 285–307. Oxford: Oxford University Press.

Cook, Gary. 2017. *Clicking clean: Who Is Winning the Race To Build a Green Internet?*. Washington: Greenpeace.

Couldry, Nick. 2018. Media, communication and the struggle for social progress. *Global Media and Communication* 14 (2): 173–191.

Coy, Wolfgang. 1994. Aus der Vorgeschichte des Mediums Computer. In *Computer als Medium*, Hrsg. Norbert Bolz, Friedrich Kittler und Christoph Tholen, 19–37. München: Fink.

Cramer, Florian und Matthew Fuller. 2008. Interface. In *Software studies: A Lexicon*, Hrsg. Matthew Fuller, 149–152. Cambridge: MIT Press.

Crawford, Kate und Vladan Joler. 2018. Anatomy of an AI System: The Amazon Echo as an anatomical map of human labor, data and planetary resources. *AI Now Institute and Share Lab*, 07.09.2018. https://anatomyof.ai.

Cubitt, Sean. 2016. Digital aesthetics. In *A Companion to Digital Art*, Hrsg. Christiane Paul, 265–280. Chichester/Malden: Wiley-Blackwell.

D64 et al. 2020. Offener Brief: Geplante Corona-App ist höchst problematisch. *Chaos Computer Club*, 24.04.2020. https://www.ccc.de/de/updates/2020/corona-tracing-app-offener-brief-an-bundeskanzleramt-und-gesundheitsminister.

Day, Matt, Giles Turner und Natalia Drozdiak. 2019. Amazon workers are listening to what you tell Alexa. *Bloomberg*, 11.04.2019. https://www.bloomberg.com/news/articles/2019-04-10/is-anyone-listening-to-you-on-alexa-a-global-team-reviews-audio.

de Maizière, Thomas. 2016. Datenpolitik im Spannungsfeld zwischen Schutzinteressen und Datenverwertung. *Alle Reden*, Hrsg. Bundesministerium des Innern, für Bau und Heimat. https://www.bmi.bund.de/SharedDocs/reden/DE/2016/11/10ter-it-gipfel.html.

De Vaujany, François-Xavier et al. 2019. Communities versus platforms: The paradox in the body of the collaborative economy. *Journal of Management Inquiry* 1–18. https://doi.org/10.1177/1056492619832119.

deAgonia, Michael. 2017. How to use the Files app in iOS 11. *Computerworld*, 28.07.2017. https://www.computerworld.com/article/3211487/how-to-use-the-files-app-in-ios-11.html.

Dean, Jodi. 2008. Communicative capitalism: Circulation and the foreclosure of politics. In *Digital Media and Democracy. Tactics in Hard Times*, Hrsg. Megan Boler, 101–122. Cambridge: MIT Press.

Dieter, Michael und Nathaniel Tkacz. 2020. The patterning of finance/security: A designerly walkthrough of challenger banking apps. *Computational Culture* 7. https://computationalculture.net/the-patterning-of-finance-security/.

Distelmeyer, Jan. 2012. *Das flexible Kino. Ästhetik und Dispositiv der DVD & Blu-ray*. Berlin: Bertz + Fischer.

Distelmeyer, Jan. 2015. Digitalisieren. In *Historisches Wörterbuch des Mediengebrauchs*, Hrsg. Heiko Christians, Matthias Bickenbach und Nikolaus Wegmann, 162–178. Köln: Böhlau.

Distelmeyer, Jan. 2017. *Machtzeichen. Anordnungen des Computers*. Berlin: Bertz + Fischer.

Distelmeyer, Jan. 2018. Drawing connections: How interfaces matter. *Interface Critique Journal* 1: 22–32.

Distelmeyer, Jan. 2019. From object to process. Interface politics of networked computerization. In *After the Post-Truth* (Artnodes, Nr. 24), Hrsg. Jorge Luis Marzo Pérez, 83–90. Barcelona: Universitat Oberta de Catalunya.

Doll, Martin. 2014. Kritik als ,Befreiung des Denkens': Foucaults Politik der Entautomatisierung. In *Entautomatisierung*, Hrsg. Annete Bauerhoch et al., 229–250. Paderborn: Fink.

Dracklé, Dorle. 2014. Medienethnologie/Medienethnographie. In *Handbuch Medienwissenschaft*, Hrsg. Jens Schröter, 393–404. Stuttgart/Weimar: Metzler.

Drucker, Johanna. 2014. *Graphesis: Visual Forms of Knowledge Production*. Cambridge: Harvard University Press.

Ekbia, Hamid R. und Bonnie A. Nardi. 2017. *Heteromation, and Other Stories of Computing and Capitalism*. Cambridge: MIT Press.

Eckert, Werner. 2018. Faktencheck: Ökobilanz von Suchmaschinen. SWR, 04.09.2018. https://urldefense.proofpoint.com/v2/url?u=https-3A__www.swr.de_wissen_20-2Djahre-2Dgoogle-2Dumweltfacts-2Dzu-2Dsuchmaschinen_-2D_id-3D253126_did-3D22378814_nid-3D253126_d2azhl_index.html&d=DwMFaQ&c=vh6FgFnduejNh PPD0fl_yRaSfZy8CWbWnIf4XJhSqx8&r=jh3wyrU5fX6LovW4K oL2tCk58B154PEdKA7snholeps&m=duan_SDzVE9a6BSTLkR2-LQIe2MXxmQ0N5Qz3DGedBA&s=w155q_fbhgUidkrJgOOn8fz-d7en8tdyCGjMZ-uVH_0&e=, https://www.swr.de/wissen/20-jahre-google-umweltfacts-zu-suchmaschinen/-/id=253126/did=22378814/nid=253126/d2azhl/index.html.

Eckoldt, Matthias. 2018. Das Fenster zum Hirn, *Deutschlandfunk* (Ursendung: 16.08.2018). https://www.deutschlandfunkkultur.de/gedankenlesen-mit-neurowissenschaft-das-fenster-zum-hirn.976.de.html?dram:article_id=425645.

Ekman, Ulrik. 2016. Introduction. Complex ubiquity-effects. In *Ubiquitous Computing, Complexity and Culture*, Hrsg. Ders et al., 39–74. New York: Routledge.

Emerson, Lori. 2014. *Reading Writing Interfaces: From the Digital to the Bookbound*. Minneapolis: University of Minnesota Press.

Engemann, Christoph. 2018. Rekursionen über Körper. Machine Learning-Trainingsdatensätze als Arbeit am Index. In *Machine Learning. Medien, Infrastrukturen und Technologien der Künstlichen Intelligenz*, Hrsg. Christoph Engemann und Andreas Sudmann, 247–268. Bielefeld: transcript.

Ernst, Christoph und Jens Schröter (Hrsg.). 2017. *Navigationen – Zeitschrift für Medien- und Kulturwissenschaften* 17:2 (Medien, Interfaces und Implizites Wissen). Siegen: universi.

Europäische Kommission (EK). 2018a. *Mitteilung der Kommission an das Europäische Parlament, den Rat, den Europäischen Wirtschafts- und Sozialausschuss und den Ausschuss der Regionen: Bekämpfung von Desinformation im Internet – ein europäisches Konzept.* https://eur-lex.europa.eu/legal-content/DE/TXT/PDF/?uri=CELEX:52018DC0236&from=DE.

Europäische Kommission (EK). 2018b. *Mitteilung der Kommission an das Europäische Parlament, den Rat, den Europäischen Wirtschafts- und Sozialausschuss und den Ausschuss der Regionen: Koordinierter Plan für künstliche Intelligenz.* https://ec.europa.eu/transparency/regdoc/rep/1/2018/DE/COM-2018-795-F1-DE-MAIN-PART-1.PDF.

FDP-Bundesgeschäftsstelle (FDP). 2017. *Kampagnenkatalog Bundestagswahl 2017*, Berlin: FDP.

Föderl-Schmid, Alexandra und Simon Hurz: Wie Überwachung gegen das Virus helfen könnte. *Süddeutsche Zeitung*, 23.03.2020. https://sz.de/1.4855065.

Foucault, Michel und Didier Eribon. 2005. Ist es also wichtig zu denken? In *Dits et Ecrits. Schriften, Bd. IV, 1980–1988*, Hrsg. Michel Foucault, 219–223. Frankfurt a. M.: Suhrkamp.

Foucault, Michel. 1978. *Dispositive der Macht. Über Sexualität, Wissen und Wahrheit*. Berlin: Merve.

Foucault, Michel. 1987. Das Subjekt und die Macht. In *Michel Foucault. Jenseits von Strukturalismus und Hermeneutik*, Hrsg. Hubert L. Dreyfus und Paul Rabinow, 243–261. Frankfurt a. M.: Athenäum.

Franke, Anselm, Stephanie Hankey und Marek Tuszynski (Hrsg.). 2016. *Nervous Systems. Quantified Life and the Social Question*. Berlin: Spector.

Franklin, Seb. 2015. *Control: Digitality as Cultural Logic*. Cambridge: MIT Press.

Friedrich, Kathrin. 2021. Im virtuellen Zaun. Umgebungen adaptiver Medien. In *Techno-ästhetische Perspektivierungen des Milieus. Ein Reader*, Hrsg. Rebekka Ladewig und Angelika Seppi. Leipzig: Spector Books [im Erscheinen].

Gabrys, Jennifer. 2015. Programmieren von Umgebungen. Environmentalität und Citizen Sensing in der smarten Stadt. In *Internet der Dinge. Über smarte Objekte, intelligente Umgebungen und die technische Durchdringung der Welt*, Hrsg. Florian Sprenger und Christoph Engemann, 604–666. Bielefeld: transcript.

Gabrys, Jennifer. 2016. *Program Earth: Environmental Sensing Technology and the Making of a Computational Planet*. Minneapolis: University of Minnesota Press.

Gallagher, Ryan und Ludovica Jona. 2019. We tested Europe's new lie detector for travelers – And immediately triggered a false positive. *The Intercept*, 26.07.2019. https://theintercept.com/2019/07/26/europe-border-control-ai-lie-detector/.

Galloway, Alexander R. 2004. *Protocol: How Control Exists After Decentralization*. Cambridge: MIT Press.

Galloway, Alexander R. 2006. Language wants to be overlooked: On software and ideology. *Journal of Visual Culture* 5: 315–331.

Galloway, Alexander R. 2011. Black box, black bloc. In *Communization and Its Discontents: Contestation, Critique, and Contemporary Struggles*, Hrsg. Benjamin Noys, 237–252. New York: Autonomedia.

Galloway, Alexander R. 2012. *The Interface Effect*. Cambridge: Polity Press.

Galloway, Alexander R. 2014. *Laruelle: Against the Digital*. Minneapolis: University of Minnesota Press.

Galloway, Alexander R. und Martina Leeker. 2017. Intervening infrastructures: Ad Hoc networking and liberated computer language. In *Interventions in Digital Cultures: Technology, the Political, Methods*, Hrsg. Howard Caygill et al., 61–72. Lüneburg: Meson Press.

Garcés, Marina. 2008. Was vermögen wir? Vom Bewusstsein zur Verkörperung im gegenwärtigen kritischen Denken. *transversal* 4, https://transversal.at/transversal/0808/garces/de.

Gerling, Winfried, Susanne Holschbach und Petra Löffler. 2018. *Bilder verteilen. Fotografische Praktiken in der digitalen Kultur*. Bielefeld: transcript.

Gerlitz, Carolin et al. 2019. Apps and infrastructures – A research agenda. *Computational Culture* 7. https://computationalculture.net/apps-and-infrastructures-a-research-agenda/.

Gerlitz, Carolin und Anne Helmond. 2013. The like economy: Social buttons and the data-intensive web. *New Media & Society* 15 (8): 1348–1365.

Gethmann, Daniel und Florian Sprenger. 2014. *Die Enden des Kabels. Kleine Mediengeschichte der Übertragung*. Berlin: Kadmos.

Gießmann, Sebastian und Marcus Burkhardt. 2014. Was ist Datenkritik? Zur Einführung. *Mediale Kontrolle unter Beobachtung* 3:1. www.medialekontrolle.de/ausgaben/3-12014-datenkritik.

Gray, George W. 1925. The bottom of the ocean is ,Main Street' to him. *The American Magazine* 99 (1): 48–49, 130–132.

Gresser, Uwe. 2018. *Praxishandbuch Hochfrequenzhandel (Band 2) – Advanced: Produkte, Systeme, Regulierung*. Wiesbaden, Springer Gabler.

Grimm, Jacob und Wilhelm Grimm. 1873. *Deutsches Wörterbuch* (16 Bde. in 32 Teilbänden, Leipzig 1854–1961, Bd. 11 [1873], Sp. 2336, Lemma „Kritik"). https://www.woerterbuchnetz.de/DWB?lemma=kritik.

Grimm, Jacob und Wilhelm Grimm. 1885. *Deutsches Wörterbuch* (16 Bde. in 32 Teilbänden, Leipzig 1854–1961, Bd. 12 [1885], Spalte 728–733, Lemma „Leiten"). https://www.woerterbuchnetz.de/DWB?lemma=leiten.

Grosser, Benjamin. 2014. What do metrics want? How quantification prescribes social interaction on Facebook. *Computational Culture* 4. https://computationalculture.net/what-do-metrics-want/.

Grosser, Benjamin. 2018. *Facebook Demetricator.* https://vimeo.com/249448543.

Hadler, Florian und Joachim Haupt (Hrsg.). 2016. *Interface Critique.* Berlin: Kadmos.

Hadler, Florian, Alice Soiné und Daniel Irrgang (Hrsg.). 2018. *Interface Critique Journal* 1.

Hadler, Florian, Alice Soiné und Daniel Irrgang (Hrsg.). 2019. *Interface Critique Journal* 2.

Hagen, Wolfgang. 2018. Anästhetische Ästhetiken. Über Smartphone-Bilder und ihre Ökologie. In *Smartphone-Ästhetik. Zur Philosophie und Gestaltung mobiler Medien*, Hrsg. Oliver Ruf, 75–104. Bielefeld: transcript.

Hansen, Mark B. N. 2013. Ubiquitous sensation: Towards an atmospheric, impersonal and mircotemporal media. In *Throughout. Art and Culture Emerging with Ubiquitous Computing*, Hrsg. Ulrik Ekman, 63–88. Cambridge: MIT Press.

Hansen, Mark B.N. 2015. *Feed Forward. On the Future of Twenty-First-Century-Media*. Chicago: University of Chicago Press.

Hartmann, Frank. 2014. Mediologie. *Handbuch Medienwissenschaft*, hrsg. Jens Schröter. Stuttgart/Weimar: Metzler, 159–165.

Hayles, Katherine N. 2016. Foreword. In *Ubiquitous Computing, Complexity and Culture*, Hrsg. Ulrik Ekman et al., 33–38. New York: Routledge.

Heilmann, Till A. 2015. Datenarbeit im ‚Capture'-Kapitalismus. Zur Ausweitung der Verwertungszone im Zeitalter informatischer Überwachung. *Zeitschrift für Medienwissenschaft* 13: 35–47.

Heilmann, Till A. 2018. Es gibt keine Software. Noch immer nicht oder nicht mehr. In *Smartphone-Ästhetik. Zur Philosophie und Gestaltung mobiler Medien*, Hrsg. Oliver Ruf, 159–179. Bielefeld: transcript.

Hellige, Hans Dieter. 2008. Krisen- und Innovationsphasen in der Mensch-Computer-Interaktion. In *Mensch-Computer-Interface. Zur Geschichte und Zukunft der Computerbedienung*, Hrsg. Hans Dieter Hellige, 11–92. Bielefeld: transcript.

Hookway, Branden. 2014. *Interfaces*. Cambridge: MIT Press.

Hörl, Erich. 2008. Die offene Maschine. Heidegger, Günther und Simondon über die technologische Bedingung. *MLN* 123(3): 632–655.

Hörl, Erich. 2016. Die Ökologisierung des Denkens. *Zeitschrift für Medienwissenschaft* 14: 33–45.

Hörl, Erich. 2018. Die environmentalitäre Situation. Überlegungen zum Umweltlich-Werden von Denken, Macht und Kapital. *Internationales Jahrbuch für Medienphilosophie* 4: 221–250.

Hui, Yuk. 2013. Deduktion, Induktion und Transduktion. Über Medienästhetik und digitale Objekte. *Zeitschrift für Medienwissenschaft* 8: 101–115.

Hui, Yuk. 2016a. *On the Existence of Digital Objects*. Minneapolis: University of Minnesota Press.

Hui, Yuk. 2016b. *The Question Concerning Technology in China. An Essay in Cosmotechnics*. Falmouth: Urbanomic Media.

iBorderCtrl. 2016a. *Technical Framework*. https://perma.cc/9MKY-GAFC.

iBorderCtrl. 2016b. *Intelligent portable control system.* https://ec.europa.eu/research/participants/documents/downloadPublic?documentIds=080166e5cc60c9b0&appId=PPGMS.

Jin, Dal Yong. 2015. *Digital Platforms, Imperialism and Political Culture*. New York: Routledge.

Kaerlein, Timo. 2018. *Smartphones als digitale Nahkörpertechnologien. Zur Kybernetisierung des Alltags*. Bielefeld: transcript.

Kaerlein, Timo. 2020. Interface. Zur Vermittlung von Praktiken und Infrastrukturen (als Perspektive für die Medienwissenschaft). In *Wovon sprechen wir, wenn wir von Digitalisierung sprechen? Gehalte und Revisionen zentraler Begriffe des Digitalen*, Hrsg. Martin Huber, Sybille Krämer und Claus Pias, 45–58. Frankfurt am Main: CompaRe.

Kaldrack, Irina und Martina Leeker. 2015. Introduction. In *There Is No Software, There Are Just Services*, Hrsg. Dies, 9–20. Lüneburg: Meson Press.

Kay, Alan C. 2001. User interface – A personal view (1989). In *Multimedia. From Wagner to Virtual Reality*, Hrsg. Randall Packer und Ken Jordan, 121–131. New York: Norton.

Kierkegaard, Søren. 1986. *Die Krankheit zum Tode*. Frankfurt a. M.: Athenäum.

Kim, Changwook. 2018. Digitalization, labor flexibility and the change of cultural production in the Korean broadcasting industry. In *Digital Korea: Digital Technology and the Change of Social Life*, Hrsg. Wooyeol Shin et al.,163–185. Seoul: Hanul.

King, Homay und Regina Longo. 2015. The digital, the virtual, and the possible. Riffing with Homay King on Virtual Memory: Time-Based Media Art and the Dream of Digitality. *Film Quarterly* 69:1, 93–96.

Kittler, Friedrich. 1993. Es gibt keine Software. In *Draculas Vermächtnis. Technische Schriften*, Hrsg. Friedrich Kittler, 225–243. Leipzig: Reclam.

Kittler, Friedrich. 1994a. Protected mode. In *Computer als Medium*, Hrsg. Norbert Bolz, Friedrich Kittler und Christoph Tholen, 209–220. München: Fink.

Kittler, Friedrich. 1994b. Wenn die Freiheit wirklich existiert, dann soll sie doch ausbrechen. In *Am Ende vorbei*, Hrsg. Rudolf Maresch, 95–129. Wien: Turia & Kant.

Kittler, Friedrich. 2008. Code (or, How you can write something differently). In *Software Studies: A Lexicon*, Hrsg. Matthew Fuller, 40–47. Cambridge: MIT Press.

Knop, Carsten. 2018. Facebook ist von innen faul. *Frankfurter Allgemeine Zeitung*, 19.12.2018. https://www.faz.net/-ikh-9hug1.

Krajewski, Markus. 2019. Hilfe für die Hilfswissenschaft. *Frankfurter Allgemeine Zeitung*, 10.4.2019, N4.

Krämer, Sybille. 2003. ‚Schriftbildlichkeit‘ oder: Über eine (fast) vergessene Dimension der Schrift. In *Bild, Schrift, Zahl*, Hrsg. Sybille Krämer und Horst Bredekamp, 157–176. Paderborn: Fink.

Krämer, Sybille. 2018. Der ‚Stachel des Digitalen‘ – ein Anreiz zur Selbstreflexion in den Geisteswissenschaften? Ein philosophischer Kommentar zu den Digital Humanities in neun Thesen. *Digital Classics Online* 4 (1): 37–43.

Krämer, Sybille. 2019. Algorithmen als Erben des Alphabets? Über die „neue Intransparenz" und das Projekt „digitaler Aufklärung". In *Das Neue Alphabet. Opening Days*, Hrsg. Bernd Scherer und Olga von Schubert, 53–56. Berlin: HKW.

Krishnan, Aishwarya und Anirban Hal. 2018. The perfect enterprise device to watch out for – Huawei Mate. *Gadgets Now*, 04.12.2020. https://www.gadgetsnow.com/gn-advertorial/the-perfect-enterprise-device-to-watch-out-for-huawei-mate-20-pro/articleshow/66936825.cms.

Kümmel, Albert. 2004. Ferne Bilder, so nah (Deutschland 1926).In *Analog/Digital – Opposition oder Kontinuum? Zur Theorie und Geschichte einer Unterscheidung*, Hrsg. Jens Schröter und Alexander Böhnke, 279–294. Bielefeld: transcript.

Lahiri Choudhury, Deep Kanta. 2010. *Telegraphic Imperialism: Crisis and Panic in the Indian Empire, c.1830–1920*. Basingstoke: Palgrave Macmillan.

Lapuschkin, Sebastian et al. 2019. Unmasking Clever Hans predictors and assessing what machines really learn. *Nature Communications* 10 (1): 1–8. https://doi.org/10.1038/s41467-019-08987-4

Latour, Bruno. 1995. *Wir sind nie modern gewesen: Versuch einer symmetrischen Anthropologie*. Berlin: Akademie.

Latour, Bruno. 2007. *Elend der Kritik. Vom Krieg um Fakten zu Dingen von Belang*. Zürich/Berlin: diaphanes.

Latour, Bruno. 2011. Networks, societies, spheres: Reflections of an actor-network theorist International. *Journal of Communication* 5: 796–810.

Li, Yueqing und Chang S. Nam. 2016. A collaborative Brain-Computer Interface (BCI) for ALS patients. *Proceedings of the Human Factors and Ergonomics Society Annual Meeting* 59 (1): 716–720.

Lovelace, Ada. 1996. Anmerkungen von Ada Lovelace. *Maschinendenken / Denkmaschinen. In An den Schaltstellen zweier Kulturen*, Hrsg. Werner Künzel und Peter Bexte, 116–112. Frankfurt a. M.: Insel.

Lovink, Geert. 2012. Das halbwegs Soziale. Eine Kritik der Vernetzungs-kultur, Bielefeld: transcript.

Lovink, Geert. 2017. *Im Bann der Plattformen: Die nächste Runde der Netzkritik*, Bielefeld: transcript.

Lund, Holger. 2017. What's Left? The critique of digital life in hyper-digital music videos. In *Post-Digital Culture*, Hrsg. Daniel Kulle et al., https://www.post-digital-culture.org/hlund2.

Lutz, Jens. 2015. *Infosphäre*. Karlsruhe: ZKM.

Mandl, Peter. 2010. *Grundkurs Betriebssysteme. Architekturen, Betriebs-mittelverwaltung, Synchronisation, Prozesskommunikation*. Wiesbaden: GWV.

Manovich, Lev. 2001. *The Language of New Media*. Cambridge: MIT Press.

Mantz, Jeffrey W. 2008. Blood diamonds of the digital age: Coltan and the Eastern Congo. *Global Studies Review* 4 (3): 12–14.

Maresch, Rudolf und Florian Rötzer (Hrsg.). 2001. *Cyberhypes. Möglich-keiten und Grenzen des Internet*. Frankfurt a. M.: Suhrkamp.

Marks, Laura U. 2020. Videostreams – die Verbindung von Pandemie und Klimakrise. *Rosa Mercedes* 2. https://www.harun-farocki-institut.org/de/2020/04/16/videostreams-die-verbindung-von-pandemie-und-klimakrise-journal-of-visual-culture-hafi-2/.

Marx, Paris. 2020. Nationalize Amazon. *Jacobin*, 29.03.2020. https://www.jacobinmag.com/2020/03/nationalize-amazon-coronavirus-delivery-usps.

Maschewski, Felix und Anna Verena Nosthoff. 2019. Netzwerkaffekte. Über Facebook als kybernetische Regierungsmaschine und das Verschwinden des Subjekts. In *Affekt Macht Netz. Auf dem Weg zu einer Sozialtheorie der Digitalen Gesellschaft*, Hrsg. Anja Breljak, Rainer Mühlhoff und Jan Slaby, 55–80. Bielefeld: transcript.

Mayer, Michael. 2018. Die Diskretion des Digitalen (Kapital als Medium II). *Internationales Jahrbuch für Medienphilosophie* 4: 25–53.

Mbembe, Achille. 2014. *Kritik der schwarzen Vernunft*. Frankfurt a. M.: Suhrkamp.

Mbembe, Achille. 2015. The Internet Is Afropolitan. In *#Game Changer. How is new media changing political participation in Africa?*, Hrsg. Keren Ben-Zeev und Jochen Luckscheiter, 30–35. Cape Town: Heinrich-Böll-Stiftung.

Mersch, Dieter. 1991. Digitalität und Nicht-Diskursives Denken. In *Computer, Kultur, Geschichte. Beiträge zu einer Philosophie des Informationszeitalters*, Hrsg. Dieter Mersch und Kristóf Nyíri, 109–126. Wien: Passagen.

Mersch, Dieter. 2016. Kritik der Operativität. Bemerkungen zu einem technologischen Imperativ. *Internationales Jahrbuch für Medienphilo-sophie* 2: 25–53.

Mersch, Dieter. 2017. Digital Criticism. Für eine Kritik ‚algorithmischer' Vernunft. *Diaphanes Magazin* 3. https://www.diaphanes.net/titel/digital-criticism-5312.

Mersch, Dieter. 2019. Kreativität und Künstliche Intelligenz. Einige Bemerkungen zu einer Kritik algorithmischer Rationalität. *Zeitschrift für Medienwissenschaft* 21: 65–74.

Meyer, Jens-Uwe. 2020. Wie Corona die Arbeitswelt langfristig verändert. *Manager Magazin*, 20.03.2020. https://www.manager-magazin.de/unternehmen/artikel/durchbruch-fuer-digitalisierung-corona-veraendert-die-arbeitswelt-a-1305535.html.

Mirowski, Philip. 2002. *Machine Dreams. Economics Becomes a Cyborg Science*. New York: Cambridge University Press.

Moll, Joana. 2018. Deep Carbon. *Research Values 2018*. https://researchvalues2018.wordpress.com/2018/01/03/joana-moll-deep-carbon/.

Moll, Joana. 2020. *Joana Moll*.https://www.janavirgin.com/index.html.

Morozov, Evgeny. 2013. Der Preis der Heuchelei. *Frankfurter Allgemeine Zeitung*, 24.07.2013, 25.

Morozov, Evgeny. 2019. Vom digitalen Widerstand. *Süddeutsche Zeitung*, 02.03.2019, 17.

Mühlhoff, Rainer. 2019. Menschengestützte künstliche Intelligenz. Über die soziotechnischen Voraussetzungen von „deep learning". *Zeitschrift für Medienwissenschaft* 21: 56–64.

Müller, Daniel und Annemone Ligensa. 2009. Einleitung. In *Leitmedien. Konzepte – Relevanz – Geschichte*, Hrsg. Daniel Müller,Annemone Ligensa und Peter Gendolla, 11–27. Bielefeld: transcript.

Müller, Martin U. 2020. Doktor auf Distanz. *Der Spiegel* 15: 76–77.

Murali, Vijayaraghavan et al. 2018. Neural sketch learning for conditional program generation. Conference paper at International Conference on Learning Representations (ICLR) 2018. https://arxiv.org/pdf/1703.05698.pdf.

Mussler, Werner. 2017. Der Weg zur Internet-Steuer in Europa ist weit. *Frankfurter Allgemeine Zeitung*, 21.09.2017. https://www.faz.net/-gqi-9200t.

Nake, Frieder. 1984. Schnittstelle Mensch-Maschine. In *Kursbuch 75 (Computerkultur)*, Hrsg. Karl Markus Michel und Tilman Spengler, 109–118. Berlin: Rotbuch.

Nake, Frieder. 1986. Die Verdoppelung des Werkzeugs. Neue Techniken alternativ. In *Möglichkeiten und Grenzen sozialverträglicher Informationstechnikgestaltung*, Hrsg. Arno Rolf, 43–52. Hamburg: VSA.

Nake, Frieder. 2001.Vilém Flusser und Max Bense des Pixels angesichtig werdend. Eine Überlegung am Rande der Computergrafik. In *Fotografie denken. Über Vilém Flussers Philosophie der Medienmoderne*, Hrsg. Gottfried Jäger, 169–182. Bielefeld: Kerber.

Nake, Frieder. 2003. Subjekt & Objekt– Participatory Design / Object Oriented Design. Eine Reflexion. *EMISA Forum* 23:2, 3–10. https://subs.emis.de/LNI/EMISA-Forum/Volume23_2/09.MR.Symposium.pdf.

Nake, Frieder. 2009. Pinsel, Bleistift, Schere, Lasso und der ganze Werkzeugkasten. Instrument als Medium. In *Verständigung über die Verständigung. Aspekte der Medienkompetenz*, hrsg. Winfried Matzker und Ursula Dreyer, 141–156. Bern: Peter Lang.

Nake, Frieder. 2016. The disappearing masterpiece. Digital image & algorithmic revolution. In *xCoAx 2016: Proceedings of the Fourth Conference on Computation, Communication and X*, Hrsg. Mario Verdicchio et al., 12–27. Bergamo: xCoAx.

Negroponte, Nicholas. 1995a. *Being Digital*. NewYork: Alfred A. Knopf.

Negroponte, Nicholas. 1995b. *Total digital. Die Welt zwischen 0 und 1 oder Die Zukunft der Kommunikation*, München: Bertelsmann.

Nikl, Wilhelm Possidius. 1866. *Blicke in die Etymologie der deutschen Sprache: ein Beitrag zum Verständniß derselben für Studierende*. Neuburg: Rindfleisch.

Noble, Safiya Umoja. 2018. *Algorithms of Oppression: How Search Engines Reinforce Racism*. New York: New York University Press.

Nohr, Rolf F. 2014. *Nützliche Bilder. Bild, Diskurs, Evidenz*. Münster: Lit.

O'Shea, James. 2018. Intelligent deception detection through machine. *IJCNN* 1–8. https://doi.org/10.1109/IJCNN.2018.8489392.

Obama, Barack. 2009. *Public Papers of the Presidents of the United States: Barack Obama* (2009, Book I). Washington: U.S. Government Printing Office.

Ochsner, Beate. 2016. Der Begriff des Digitalen: Das Wort der Stunde. *Frankfurter Allgemeine Zeitung*, 22.02.2016. https://www.faz.net/-gsf-8dvug.

Oberndörfer, Mathias. 2018. Digitale Konvergenz ist essenziell für Deutschlands Wohlstand. *Die Welt*. 21.08.2018. https://www.welt.de/wirtschaft/bilanz/article181248698/.

Ohlberg, Mareike. 2019. Digitaler Big Brother. *Internationale Politik* 2: 60–67.

Parisi, Luciana. 2017. Computational logic and ecological rationality. In *General Ecology: The New Ecological Paradigm*, Hrsg. Erich Hörl und James Burton, 75–100. London: Bloomsbury.

Parisi, Luciana. 2018. Das Lernen lernen oder die algorithmische Entdeckung von Informationen. In *Machine learning. Medien, Infrastrukturen und Technologien der Künstlichen Intelligenz*, Hrsg. Christoph Engemann und Andreas Sudmann, 93–113. Bielefeld: transcript.

Parisi, Luciana. 2019. The alien subject of AI. *Subjectivity* 12: 27–48.

Parisi, Luciana und Erich Hörl. 2013. Was heißt Medienästhetik? Ein Gespräch über algorithmische Ästhetik, automatisches Denken und die postkybernetische Logik der Komputation. *Zeitschrift für Medienwissenschaft* 8: 35–51.

Parikka, Jussi. 2015. *A Geology of Media*. Minneapolis: University of Minnesota Press.

Pasquinelli, Matteo. 2019. 3000 Years of algorithmic rituals: The emergence of AI from the computation of space. *e-flux Journal* 101. https://www.e-flux.com/journal/101/273221/three-thousand-years-of-algorithmic-rituals-the-emergence-of-ai-from-the-computation-of-space/.

Paul, Christiane. 2007. The myth of immateriality: Presenting and preserving new media. In *MediaArtHistories*, Hrsg. Oliver Grau, 251–274. Cambridge: MIT Press.

Perricos, Costi und Vishal Kapur. 2019. Anticipatory government. Preempting problems through predictive analytics. In *Deloitte Insights: Government Trends 2020*, Hrsg. William Eggers, 41–47. https://www2.deloitte.com/content/dam/insights/us/articles/government-trends-2020/DI_Government-Trends-2020.pdf.

Pias, Claus. 2000. *Computer Spiel Welten*. Weimar: Universität Weimar. ftp://ftp.uni-weimar.de/pub/publications/diss/Pias/pias.pdf.

Pias, Claus. 2004. Zeit der Kybernetik – Eine Einstimmung. In *Cybernetics – Kybernetik. The Macy-Conferences 1946–1953 (Volume II)*, Hrsg. Ders, 9–41. Zürich/Berlin: Diaphanes.

Pourghomi, Pardis et al. 2017. How to stop spread of misinformation on social media: Facebook plans vs. right-click authenticate approach. *ICEMIS*, 1–18. https://doi.org/10.1109/ICEMIS.2017.8272957.

Qiu, Jack Linchuan und Yeran Kim. 2010. Recession and progression? Notes on media, labor, and youth from East Asia International. *Journal of Communication* 4: 630–648.

Qiu, Jack Linchuan. 2012. Network labor. Beyond the Shadow of Foxconn. In *Studying Mobile Media. Cultural Technologies, Mobile Communication, and the iPhone*, Hrsg. Larissa Hjorth, Jean Burgess und Ingrid Richardson, 173–189. New York: Routledge.

Rahawan, Iyad. 2019. Unwissen macht uns manipulierbar. *Der Spiegel* 25: 102–104.

Reckwitz, Andreas. 2018. *Die Gesellschaft der Singularitäten: Zum Strukturwandel der Moderne*. Frankfurt a. M.: Suhrkamp.

Reichert, Ramón. 2009. *Das Wissen der Börse: Medien und Praktiken des Finanzmarktes*. Bielefeld: transcript.

Renn, Jürgen und Bernd Scherer Eds. 2015. *Das Anthropozän. Ein Zwischenbericht*. Berlin: Matthes & Seitz.

Ribeiro, Fabíola M., und Rejane Spitz. 2006. Archigram's analogical approach to digitality. *International Journal of Architectural Computing* 4 (3): 19–32.

Ring, Uli. 2009. *Substantivderivation in der Urkundensprache des 13. Jahrhunderts. Eine historisch-synchrone Untersuchung anhand der ältesten deutschsprachigen Originalurkunden* (Studia Linguistica Germanica, Band 96). Berlin/New York: De Gruyter.

Ripley, M. Louise. 2008. Trickster fiddles with informatics: The social impact of technological marketing schemes. *Journal of Systemics, Cybernetics, and Informatics* 6 (1): 91–96.

Ritzer, Ivo. 2018. *Medientheorie der Globalisierung*. Wiesbaden: Springer VS.

Robert Koch-Institut (RKI). 2020a. *Corona-Datenspende-App*, 07.04.2020. https://www.rki.de/DE/Content/InfAZ/N/Neuartiges_Coronavirus/Corona-Datenspende-allgemein.html.

Robert Koch-Institut (RKI). 2020b. *Grafiken zur App „Corona-Datenspende"*, 07.04.2020. https://www.rki.de/DE/Content/Service/Presse/Pressefotos/Corona-Datenspende.html.

Robben, Bernard und Heidi Schelhowe. 2012.Was heißt be-greifbare Interaktion? In *Be-greifbare Interaktionen. Der allgegenwärtige Computer: Touchscreens, Wearables, Tangibles und Ubiquitous Computing*, Hrsg. Bernard Robben und Heidi Schelhowe, 7–15. Bielefeld: transcript.

Robben, Bernard. 2012. Die Bedeutung der Körperlichkeit für begreifbare Interaktion mit dem Computer. In *Be-greifbare Interaktionen. Der allgegenwärtige Computer: Touchscreens, Wearables, Tangibles und Ubiquitous Computing*, Hrsg. Bernard Robben und Heidi Schelhowe, 19–39. Bielefeld: transcript.

Rose, Gillian. 2014. Networks, interfaces, and computer-generated images: Learning from digital visualisations of urban redevelopment projects. *Environment and Planning D: Society and Space* 32 (3): 386–403.

Roose, Kevin. 2020. The coronavirus crisis is showing us how to live online. *The New York Times*, 17.03.2020. https://nyti.ms/2vx0xn0.

Rosenfeld, Dagmar. 2020. Das Digitale hält uns jetzt zusammen. *Die Welt*, 17.03.2020. https://www.welt.de/debatte/kommentare/article206619163/Corona-Krise-Das-Digitale-haelt-uns-jetzt-zusammen.html.

Röttgers, Kurt, 1975. *Kritik und Praxis. Zur Geschichte des Kritikbegriffs von Kant bis Marx*. Berlin/New York: De Gruyter.

Rötzer, Florian. 1991. *Digitaler Schein. Ästhetik der elektronischen Medien*. Frankfurt a. M.: Suhrkamp.

Rouvroy, Antoinette. 2013. The end(s) of critique. Data behaviourism versus due process. In *Privacy, Due Process and the Computational Turn*, Hrsg. Mireille Hildebrandt und Katja deVries, 142–168. London: Routledge.

Rouvroy, Antoinette und Thomas Berns. 2013. Algorithmic governmentality and prospects of emancipation: Disparateness as a precondition for individuation through relationships? *Reseaux* 177: 163–196.

Schaefer, Peter. 2011. Interface: History of a concept, 1868–1888. In *The Long History of New Media: Technology, Historiography, and Contextualizing Newness*, Hrsg. David W. Park et al., 163–17. New York: Lang.

Schäfer, Jörgen. 2004. Sprachzeichenprozesse. Überlegungen zur Codierung von Literatur in ‚alten' und ‚neuen' Medien. In *Analog/Digital – Opposition oder Kontinuum? Zur Theorie und Geschichte einer Unterscheidung*, Hrsg. Jens Schröter und Alexander Böhnke, 143–168. Bielefeld: transcript.

Scharre, Paul. 2018. *Army of None: Autonomous Weapons and the Future of War*. New York: Norton.

Scheffler, Hermann. 1877. *Die Naturgesetze und ihr Zusammenhang mit den abstrakten Wissenschaften. Zweiter Teil: Die Theorie der Erscheinung oder Die physische Gesetze*. Leipzig: Friedrich Foerster.

Schmidt, Martin. 2015. Kanalisieren. In *Historisches Wörterbuch des Mediengebrauchs*, Hrsg. Heiko Christians, Matthias Bickenbach und Nikolaus Wegmann, 322–331. Köln: Böhlau.

Schneider, Birgit. 2019. Mensch-Maschine-Schnittstellen in Technosphäre und Anthropozän. In *Mensch-Maschine-Interaktion. Handbuch zur Geschichte, Kultur, Ethik*, Hrsg. Kevin Liggieri und Oliver Müller, 95–105. Stuttgart: Metzler.

Schneider, Birgit. 2021. Funknetze und ihre Tarnungen als Technohabitate für Menschen, Pflanzen, Tiere und Maschinen. In *Techno-ästhetische Perspektivierungen des Milieus. Ein Reader*, Hrsg. Rebekka Ladewig und Angelika Seppi. Leipzig: Spector Books [im Erscheinen].

Schröter, Jens. 2004. Analog/Digital – Opposition oder Kontinuum? In *Analog/Digital – Opposition oder Kontinuum? Zur Theorie und Geschichte einer Unterscheidung*, Hrsg. Jens Schröter und Alexander Böhnke, 7–30. Bielefeld: transcript.

Schröter, Jens. 2016. Digitalität und die Medienwissenschaft. *Digitalität. Theorien und Praktiken des Digitalen in den Geisteswissenschaften*, 4.7.2016. https://digigeist.hypotheses.org/86#more-86.

Schröter, Jens und Till A. Heilmann. 2016. Statt einer Einleitung: Zum Bonner Programm einer neo-kritischen Medienwissenschaft. In *Navigationen – Zeitschrift für Medien- und Kulturwissenschaften 16:2 (Medienwissenschaft und Kapitalismuskritik)*, Hrsg. Jens Schröter und Till A. Heilmann, 7–36. Siegen: universi.

Schulz, Martin. 2015. Vorwort. In *Technologischer Totalitarismus. Eine Debatte*, Hrsg. Frank Schirrmacher, 9–13. Frankfurt a. M.: Suhrkamp.

Selfe, Cynthia L., und Richard J. Selfe. 1994. The politics of the interface: Power and its exercise in electronic contact zones. *National Council of Teachers of English* 45 (4): 480–504.

Smith, Crosbie und M. Norton Wise. 1989. *Energy and Empire: A Biographical Study of Lord Kelvin*. Cambridge: MIT Press.

Smith, Karl U. 1963. Computer systems control of delayed auditory feedback. *Perceptual and Motor Skills* 17: 343–354.

Snickars, Pelle. 2012. A walled garden turned into a rain forest. In *Moving Data. The iPhone and the Future of Media*, Hrsg. Pelle Snickars und Patrick Vonderau, 155–168. New York: Columbia University Press.

Sprenger, Florian. 2015. *Politik der Mikroentscheidungen*. Lüneburg: Meson Press.

Sprenger, Florian und Christoph Engemann. 2015. *Internet der Dinge. Über smarte Objekte, intelligente Umgebungen und die technische Durchdringung der Welt*. Bielefeld: transcript.

Srinivasan, Sharath Stephanie Diepeveen und George Karekwaivanane. 2019. Rethinking publics in Africa in a digital age. *Journal of Eastern African Studies* 13 (1): 2–17.

Srnicek, Nick. 2017. *Platform Capitalism*. Cambridge, Polity Press.

Staab, Philipp. 2019. *Digitaler Kapitalismus. Markt und Herrschaft in der Ökonomie der Unknappheit*, Berlin: Suhrkamp.

Stalder, Felix. 2016. *Kultur der Digitalität*. Berlin: Suhrkamp.

Stiftungsverband Rat für Kulturelle Bildung (RatKuBi). 2019. *Alles immer smart. Kulturelle Bildung, Digitalisierung, Schule*. Essen: Rat für Kulturelle Bildung e.V.

Strittmatter, Kai. 2018. *Die Neuerfindung der Diktatur: Wie China den digitalen Überwachungsstaat aufbaut und uns damit herausfordert*. München: Piper.

Sudmann, Andreas. 2018a. Zur Einführung. Medien, Infrastrukturen und Technologien des maschinellen Lernens. In *Machine Learning. Medien, Infrastrukturen und Technologien der Künstlichen Intelligenz*, Hrsg. Christoph Engemann und Andreas Sudmann, 9–23. Bielefeld: transcript.

Sudmann, Andreas 2018b. Szenarien des Postdigitalen. Deep Learning als MedienRevolution. In *Machine Learning. Medien, Infrastrukturen und Technologien der Künstlichen Intelligenz*, Hrsg. Christoph Engemann und Andreas Sudmann, 55–73. Bielefeld: transcript.

Taeihagh, Araz. 2017. Crowdsourcing, sharing economies and development. *Journal of Developing Societies* 33 (2): 191–222.

Tang, Audrey. 2019. How to fix democracy. Inside Taiwan's new digital democracy. *The Economist*, 12.03.2019. https://www.economist.com/open-future/2019/03/12/inside-taiwans-new-digital-democracy.

Tang, Audrey. 2020. The use of the Digital Fence system is a crucial part of Taiwan's current epidemic prevention measures. *Foundation for Strategic Research*, 14.04.2020. https://www.frstrategie.org/sites/default/files/documents/publications/autres/2020/Interview%20Audrey%20Tang.pdf.

Tapscott, Don. 2007. *Wikinomics Die Revolution im Netz*. München: Hanser.

Tegmark, Max. 2017. *Leben 3.0: Mensch sein im Zeitalter Künstlicher Intelligenz*. Berlin: Ullstein.

Telekom. 2016. *Telekom Europa –TV-Spot mit Andrea Bocelli*. https://www.youtube.com/watch?v=BrmcIfXv1ig.

The Shift Project (TSP): Lean ICT: Towards Digital *Sobriety*, 2019. https://theshiftproject.org/wp-content/uploads/2019/03/Lean-ICT-Report_The-Shift-Project_2019.pdf.

Thiele, Kathrin. 2015. Ende der Kritik? Kritisches Denken heute. In *Gegen/ Stand der Kritik*, Hrsg. Andrea Allerkamp, Pablo Valdivia Orozco und Sophie Witt, 139–162. Zürich/Berlin: Diaphanes.

Thielmann, Tristan. 2018. Early digital images: A praxeology of the display. In *Image – Action – Space. Situating the Screen in Visual Practice*, Hrsg. Luisa Feiersinger, Kathrin Friedrich und Moritz Queisner, 41–54. Berlin/Boston: De Gruyter.

Thielmann, Tristan und Jens Schröter. 2014. Akteur-Medien-Theorie. In *Handbuch Medienwissenschaft*, Hrsg. Jens Schröter, 148–158. Stuttgart/ Weimar: Metzler.

Tholen, Georg Christoph. 2002. *Die Zäsur der Medien. Kulturphilosophische Konturen*. Frankfurt a. M.: Suhrkamp.

Thomson, William. 1874. Kinetic theory of the dissipation of energy. *Nature* 9: 441–444.

Tiqqun. 2007. *Kybernetik und Revolte*. Zürich/Berlin: Diaphanes.

Turing, Alan. 2007. Computermaschinen und Intelligenz. In *Neue Medien. Texte zur digitalen Kultur und Kommunikation*, Hrsg. Katrin Bruns und Ramón Reichert, 37–64. Bielefeld: transcript.

Universal Pictures Home Entertainment. 2019. *Good Boys – Trailer*. https:// www.youtube.com/watch?v=CHD9GoAo59s.

UNESCO. 2019. *I'd blush if I could: Closing gender divides in digital skills through education*. https://unesdoc.unesco.org/ark:/48223/ pf0000367416.

van den Boomen, Marianne. 2014. *Transcoding the Digital. How Metaphors Matter in New Media*. Amsterdam: Institute of Network Cultures.

Van Dijck, José. 2013. *The Culture of Connectivity. A Critical History of Social Media*. Oxford: Oxford University Press.

Verhoeff, Nanna. 2012. *Mobile Screens. The Visual Regime of Navigation*. Amsterdam: Amsterdam University Press.

von Foerster, Heinz. 1993. *KybernEthik*. Berlin: Merve.

von Gehlen, Dirk. 2020. Durch Corona wird das Internet zur Selbstverständlichkeit. *Süddeutsche Zeitung*, 22.03.2020. https://sz.de/1.4846552.

Wan, Evelyn. 2019. Labour, mining, dispossession: on the performance of earth and the necropolitics of digital culture International. *Journal of Performance Arts and Digital Media* 15 (3): 249–263.

Warner Bros. Entertainment GmbH (Warner). 2019. *Home Video: Neuheiten*. https://www.warnerbros.de/homevideo/.

Weiland, Michael. 2017. Schnellspur mit Grünstreifen. Greenpeace, 10.01.2017. https://www.greenpeace.de/themen/endlager-umwelt/ schnellspur-mit-grunstreifen.

Weiser, Mark. 1994. Building invisible interfaces. *Ubic.Com*, 02.11.1994. www.ubiq.com/hypertext/weiser/UIST94_4up.ps.

Weiser, Mark. 1997. It's everywhere. It's invisible. It's ubicomp. *Training & Development* 51 (5): 34–35.

Weltevrede, Esther und Fieke Jansen. 2019. Infrastructures of intimate data: Mapping the inbound and outbound data flows of dating apps. *Computational Culture* 7. https://computationalculture.net/infrastructures-of-intimate-data-mapping-the-inbound-and-outbound-data-flows-of-dating-apps/.

Weltkino Filmverleih. 2018. *Innenleben – Trailer*. https://www.youtube.com/watch?v=82qB4mubdGw.

Wiener, Norbert. 1989. *The Human Use of Human Beings: Cybernetics and Society*. London: Free Association.

Wilcke, J.C. (Hg.). 1756. *Des Herrn Benjamin Franklins Briefe von der Elektricität*. Leipzig: Gottfried Kiesewetter.

Williams, R. John. 2014. *The Buddha in the Machine: Art, Technology, and the Meeting of East and West*. New Haven: Yale University Press.

Winkler, Hartmut. 2004a. Medium Computer. Zehn populäre Thesen zum Thema und warum sie möglicherweise falsch sind. In *Das Gesicht der Welt. Medien in der digitalen Kultur*, Hrsg. Lorenz Engell und Britta Neitzel, 203–213. München: Fink.

Winkler, Hartmut. 2004. *Diskursökonomie. Versuch über die innere Ökonomie der Medien*. Frankfurt a. M.: Suhrkamp.

Winkler, Hartmut. 2015. *Prozessieren. Die dritte, vernachlässigte Medienfunktion*, Paderborn: Fink.

Wirth, Sabine. 2016a. Between interactivity, control, and ‚everydayness' – Towards a theory of user interfaces. In *Interface Critique*, Hrsg. Florian Hadler und Joachim Haupts, 17–35. Berlin: Kadmos.

Wirth, Sabine. 2016b. Bericht zum AG-Workshop „Politiken des Interface" (Potsdam). AG Interfaces, 07.07.2016. https://ag-interfaces.net/2016/07/07/bericht-zum-ag-workshop-politiken-des-interface-potsdam/#more-310.

Wirth, Sabine. 2021. *Dispositive der Handhabung. Zur Medialität des User Interface*. Dissertation. Philipps-Universität Marburg [im Erscheinen].

Wong, Karen und Amy Dobson. 2019. We're just data: Exploring China's social credit system in relation to digital platform ratings cultures in Westernised democracies. *Global Media and China* 4: 220–232.

Wolfangel, Eva. 2018. Am Ende ist es eine Frage, was die Gesellschaft will. *Der Spiegel*, 19.11.2018. https://www.spiegel.de/netzwelt/web/projekt-iborderctrl-darf-und-kann-ki-luegner-bei-der-einreise-stoppen-a-1238448.html.

Yoran, Gabriel. 2018. Objects in object-oriented ontology and object-oriented programming. *Interface Critique Journal* 1: 120–133.

Zedler, Johann Heinrich. 1734. *Grosses vollständiges Universal-Lexicon Aller Wissenschafften und Künste (7. Band)*. Halle/Leipzig: Zedler. https://www.zedler-lexikon.de/.

Zuboff, Shoshana. 2018. *Das Zeitalter des Überwachungskapitalismus*. Frankfurt a. M.: Campus.

Printed in the United States
By Bookmasters